トレーディングビュー

Trading
View

インジケーター
トレード大全

お読みください

●本書はTrading View Inc.公式のものではなく、著者および編集部がTrading View
を紹介する書籍であり、情報の提供を目的として制作しております。

●本書で掲載しているチャートなどの画像はTrading Viewを使用しております。

●紹介しているTrading Viewの機能、インジケーターのいいね数などの情報は2024
年5月25日時点のものです。また、紹介しているインジケーターなどの内容の変更・削除
の可能性があります。あらかじめご了承ください。

●投資は元本の保証のない損失が発生するリスクを伴います。実際の投資においてはご
自身の判断と責任にてご判断ください。著者およびスタンダーズ株式会社は本情報に基
づいた被ったいかなる損害について一切責任を負いません。あらかじめご了承ください。

私とTradingView

PAN

米国株投資家。SNSフォロワー数はYouTube(5万人)、Twitter(2.2万人)。2013年在米時に米国株投資を始める。シリコンバレーで6年間ハイテク企業勤務経験。金融資産3000万円から8年で3億円超。証券会社等のセミナー経験多数、YouTube番組を複数運営。各種メディアや日経ラジオ出演経験。

ブログ● https://berich.click/
YouTube● https://www.youtube.com/@pan-invest
X（旧Twitter）● https://twitter.com/PAN_US_STOCK

—— ご自身のTrading Viewの使用歴と、加入プランを教えてください。

PAN 使用歴は3年ほどでPremium（有料プラン）に加入しています。その前は米Yahoo Financeの無料ツールを使っていました。

—— 普段Trading Viewでどのように使っているかを教えてください。

PAN ナスダック、S&P500、米10年金利、ドル円の先物を常に表示しています。ウィンドウは1つのみで、気になったものに随時切り替えます。

—— よく使用しているインジケーターやストラテジーはありますか？

PAN 5つの指標を同時に使っています。SMA(単純移動平均)：20,50,200で使っています。これがアメリカでスタンダードなSMAの使い方です。Vol(出来高)：市場参加者が多いかどうかをみます。ボリンジャーバンド：±1σと±2σ:価格が行き過ぎていないか確認します。MACD:モメンタムの変化をみます。RSI:30以下でエントリーのタイミングを伺います。All Chart Patterns（※編注）：チャートパターンが形成前に表示されターゲット価格も出るので参考にしています。

—— アラート機能などは使っていますか？

※編注● ダブルボトムなどのチャートパーンを自動的に検出し、表示する。premium以上のプランで利用可能。

PAN　重要ラインを超えそうなときに設定することがあります。例はダウ40000ドル突破（注：2024年5月17日に突破）などですね。

── インジケーター、アラート以外によく使う機能があったら教えてください。

PAN　個別株を50ほどウォッチリストに入れて毎日確認して、株価の優位性比較をします。例えばS&P500/ダウで表示させれば、どのタイミングでどちらが優位なのかがわかります。Trading Viewはアメリカの経済データ(各種金利、雇用統計やインフレデータ)などが表示できるので、株価との相関も確認できます。

　また、重要なイベントは描画ツールでチャートに書き込みます。個人消費支出（PCE）で株価が動いたときなどですね。

── もしTrading Viewをまだ使っていない人にオススメするとしたら、どのような点をオススメしますか？

PAN　一般的な使い方であればTrading Viewでできないことはほぼありません。証券会社のツールなどでチャートの使い方を覚えるのであればTrading Viewを覚えることをおすすめします。使用する証券会社を切り替えたときでもそのままの環境で使えますから。

── Trading Viewは無料版で2個インジケーターを入れられますが、初心者の方にインジケーターをオススメするとしたらどの2点をオススメしますか？

PAN　株式取引中心ならMACDと出来高ですね。

── 何かメッセージがあればお願いします。

PAN　アメリカマーケットがクローズしたあと、毎日Trading Viewを使って市況解説しています。ぜひチャンネルに遊びに来てください。

── ありがとうございました。

私とTradingView

SABAI SABAI FX

10年超の投資経験で培ったチャート分析のノウハウや相場分析を様々な媒体で発信するかたわら、40以上のカスタムインジケーターをTradingViewで公開。YouTubeチャンネル「チャート読解力向上チャンネル」は登録者3万6千人(2024年5月時点)。

オンライン教育プラットフォームUdemyではTradingViewのカスタムインジケーター開発を基礎から学ぶ「プログラミング経験ゼロから学ぶPine Script基礎講座」の講師を務める。

ブログ● https://sabaisabaifx.com/
YouTube● https://www.youtube.com/@sabaisabaifx

—— ご自身のTrading Viewの使用歴と、加入プランを教えてください。

SABAI FX（以下SABAI） 2018年からPremium（有料プラン）で約6年間使用しています。

—— ふだんTrading Viewでどのように使っていますか?

SABAI 自分のチャートの見方を実現するために自作のカスタムインジケーターを表示してチャート分析やアラートを活用した監視に利用しています。また、自分の相場分析や投資・トレードに関する教育コンテンツをSNS機能であるアイデア投稿で共有しています。

—— よく使用しているインジケーター

やストラテジーはありますか?

SABAI 基本はローソク足だけで分析するので、High Low Yesterday & Last week & Last month:前日・前週・先月の高値安値を表示できる（編注：●●●ページで紹介）と、Previous N Days/Weeks/Months High Low：過去一定期間の高値安値を表示する（編注：●●●ページで紹介）というインジケーターを利用しています。

—— アラート機能などは使っていますか?

SABAI 価格が確認したいゾーンに到達したとき、どのようなプライスアクションになるか監視できるように、注目するラインやゾーンにアラートを設

定して使っています。アラートはスマホアプリやメールでも通知ができるので、アラートが鳴ったらチャートをチェックするようにしています。

── インジケーター、アラート以外にどのような機能を使っていますか？

SABAI　いくつかあります。チャート分析ではチャートにラインや図形やメモを追加できる描画ツールが便利です。トレンドラインやチャネルを引くことはもちろん、注目している価格帯をボックスで囲っておき、また、テキストも追加できるので、この価格帯に来たときにどのようなプライスアクションを確認するのか、どうなったらポジションを持つかなどあらかじめ描画オブジェクトと一緒にメモをしておくこともあります。

　また、値動きの記録として重要イベントで相場がどのように動いたのか、チャートにその結果を書き込むようにしています。

　例えばある日のFOMC（米連邦公開市場委員会）で政策が発表されたとき、相場はこのように反応したのかをチャートに書き込んでおくといった使い方です。これは過去の値動きを見直すときに非常に役立ちますし、Trading Viewと一緒に保存できるデーターベースとして活用しています。また、Tra

ding Viewでは経済指標などのイベント予定も確認できるので、今週予定されている指標を確認する時にも使います。全部Trading Viewで完結できる点が便利ですね。

── Trading Viewは無料版で2個インジケーターを入れられますが、初心者の方にインジケーターをオススメするとしたらどの2点をオススメしますか？

SABAI　これは手前味噌ですが(笑)、僕が開発した「3MA with Perfect Order Alert」というインジケーターをオススメします。チャートにSMAなどの移動平均線を表示している人は多いと思いますが、1つのインジケーターで3本の移動平均線を表示できるのでインジケーター数の節約にもなりますし、パーフェクトオーダーと言って強いトレンドが発生した状態を色で可視化したりアラートで通知することもできます。もう1つ、これも自分が開発したインジケーターで恐縮ですが、先ほど紹介した「High Low Yesterday, Last Week, Last Month」というインジケーターがあります。これは前日、先週、先月の高値安値を1つで表示できるインジケーターで、これらの高値安値は市場参加者に意識されるキーとなる価格なります。

── 何かメッセージがあればお願いします。

SABAI 分析がほぼTrading Viewで完結できるため、非常に満足しています。まずは無料プランでデータの豊富さや操作のスムーズ(初めて触った時は操作感覚の滑らかさに感動しました！)さを体感し、必要に応じて有料プランにアップグレードしていけばいいと思います。自分にとっては、自分が見たい情報をカスタムインジケーターで自作・実装し、世界に1つだけの自分専用チャートを実現できたことで分析の質や効率の向上に繋がったことが最大の収穫であり、メリットです。

あとは僕自身がTrading Viewで多くのオリジナルインジケーターを公開(現時点で40本以上)しているので、新作公開時に通知を受け取りたい方はフォローしていただくと便利なツールに出会えるかもしれません。オンライン教育プラットフォームのUdemyではカスタムインジケーターを自作したい方のための基礎講座「プログラミング経験ゼロから学ぶPine Script基礎講座」（※編注）も公開していますので興味のある方は確認してみてください!

── ありがとうございました。

SABAI SABAI FX氏がTrading Viewの良さを改めて語ってくれた

長年Trading Viewを利用しているSABAI SABAI FX氏だから言える、Trading Viewでできること、学べることを改めて教えてくれました。

① ほとんどすべての資産・銘柄のチャートが利用できる

証券会社が提供しているツールでは、その証券会社で扱っている銘柄のチャートしか見られませんが、Trading Viewは世界中の株式銘柄、株価指数、国債、ほぼすべての為替通貨ペア、コモディティ、暗号資産と、見られない銘柄を探す方が難しいほどです。

また、こうした銘柄情報のほか、主要国のGDPや失業率、インフレ率といったデータも利用できるため、チャートにそれらのデータを重ね合わせて傾向を分析するといったことも可能です。

② 豊富なカスタムインジケーター

僕自身も含め、自身のノウハウを折り込んだオリジナルインジケーターを公開している投資家・トレーダーも多いため、それらを活用して分析や取引

※編注● 講座のURLはhttps://www.udemy.com/user/sabai-sabai-fx/

手法を学ぶこともできると思います。

Trading Viewのルール上、インジケーターは全て英語表記になっているため、インジケーターの検索や機能の理解には英語が必要ですが、その点は翻訳ツールを使いつつ対応しましょう。

③ 自分のチャートがモバイル端末でも外出先のPCでも見られること

Trading Viewはチャートデータや描画オブジェクト、インジケーター設定、アラートなどすべてのデータがクラウドで保存されているので、モバイル端末でも、常にPCで見た時と同じチャート設定でチャートを見られますし、外出先のPCでも自分のアカウントでログインすればいつもと同じ環境でチャートを見ることができます。この点はTrading Viewを使う醍醐味の1つだと思います。

④ コミュニティ機能が充実し、安心して使える

Trading Viewにはアイデア投稿というコミュニティ機能があり、世界中の投資家やトレーダーが自身の分析や投資アイデアを無料で公開しています。

気になる投資家やトレーダーをフォローしてその人の分析・取引手法を学ぶこともできますし、テクニカル分析の方法やインジケーターの使い方といった教育コンテンツを投稿している人もいるため、投資やトレードの知識の習得にも活用することができます。

Trading Viewはコミュニティの荒らしを防ぐための厳格なルール設定と運用、コンテンツの監視をしっかり行っている（モデレーターが存在している）ので宣伝目的のコンテンツや誹謗中傷コメントが発生することはほとんどありません。世の中にSNSは多くありますが、Trading Viewのコミュニティ運営の質は群を抜いて高いと思います。自分が学んだことをアウトプットしたいけれど、誹謗中傷が怖くて躊躇っているという方も安心して発信ができるでしょう。

SABAI SABAI FX氏がTradingView上で発信しているアイデアやインジケーターは、氏のアカウントページであるhttps://jp.Trading View.com/u/FX365_Thailand/でチェックすることができます。

目 次

第5章 インジケータの組み合わせ検証
～勝てるインジケーターを探す～

Trading Viewの基本

「Trading View」ってどんなもの?

「Trading View(トレーディングビュー)」は米国シカゴに本社を置くTradingView Inc.が提供しているチャートツールです。利用者は公式発表で世界で6,000万人いるといわれています。証券会社やFX会社でもトレーディングツールとしても提供され、PCやスマホでも利用することができるようになっています。機能の多くは、だれでも無料でも使えるようになっているので、ぜひ使ってみましょう。

どんなチャートを表示できる?

表示できるチャートは非常に多く、株式指数、日本市場を含む世界中の個別株、FX、国債金利、先物、暗号資産(仮想通貨)など多岐にわたります。

直接的に取引しているものだけを表示する必要はありません。たとえば日経225先物の取引をしている場合は、関連する米ドル/円、VIX指数、S&P500指数などを同時にチェックする、という使い方もできます。ウォッチリストには自分の好きなものを自由に編集することができます。自分が使いやすいようにアレンジできるのもTrading Viewの強味といえます。

◉ ウォッチリストに好きな項目を設定できる

自分が取引している銘柄、気になっている銘柄をウォッチリストに入れて、常にチェックできます。

Trading Viewの優れているポイント

Trading Viewではチャートを表示できますが、証券会社の提供するチャートと異なるのが、圧倒的なカスタマイズ性です。自分の好きなように表示できるので、チャートによる分析はこれ1つで賄えるようになっています。

❶ どのような銘柄もチャートを表示できる

前のページでも紹介したとおり、チャートを表示できる銘柄は個別株やCFD、先物、暗号資産や、ダウ平均株価などの指数です。為替の一部はクロスドル表記がありますが、おおむねクロス円で表示できます。

❷ インジケーターを組み合わせて売買サインがわかる

Trading Viewの最大の特徴とも言えるのがインジケーターです。移動平均線やRSIなどの代表的なものだけでなく、世界中のユーザーが作ったインジケーターも公開されており、自分のトレードに役立てられます。

❸ 無料で使える

チャートに関するおもな機能は無料で使えますが、同時に表示できるインジケーターの数を増やしたり、1画面に2つ以上のチャートを表示できるサブスクリプションの有料プランで機能を拡充することができます。

❸ スマホでもPCでも同じように表示できる

スマホアプリ版では、同じアカウントで接続することで、自宅のPCで設定したウォッチリストやインジケーターなどがすべて保存され、スマホで外出中にも同じ設定でチェックできるようになっています。

◉ PC版

◉ スマホ版

インジケーターなどがすべて同期された状態でPCとスマホ、どちらからでもリアルタイムでチャートをチェックできます。

#02 アクセス方法とアカウントの作成方法

Trading ViewにはMicrosoft Edge、ChromeやSafariなどPCブラウザからアクセスできます。URLは「https://jp.tradingview.com/」となっています。検索エンジンで「Trading View」と入力してアクセスしてもいいでしょう。まずはアカウントを作成しましょう。アカウントは無料で作成できます。

アカウントの作成方法

アカウントを作成しましょう。アカウントの作成にはGoogleアカウントかFacebook、X（旧Twitter）など各種SNSのアカウント、またはメールアドレスのいずれかが必要となります。

① サイトにアクセスする（PCでの登録）

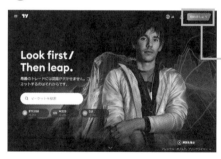

ここをクリック

公式サイト（https://jp.tradingview.com/）にアクセスしたら画面右上の「始めましょう」を押します。

② 「登録」を押す

「登録」をクリック

画面が切り替わるので、画面右上の「登録」を押します。

③ アカウントの作成方法を選ぶ

Googleアカウントやメールアドレスなど、登録する方法を選択します。その後、メールが届くので確認します。

④ ユーザー名を決めれば完了!

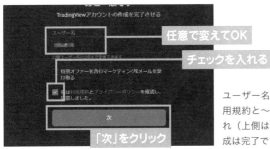

任意で変えてOK

チェックを入れる

「次」をクリック

ユーザー名を任意で変更します。下側の「私は利用規約と～」のチェックボックスにチェックを入れ（上側は任意）、「次」を押せばアカウントの作成は完了です。

スマホから登録する場合

　スマートフォンで利用する場合は、スマホのブラウザ以外に、アプリも用意されています。もちろん、アプリからアカウントの作成をすることも可能です。下記QRコードからアクセスすればiOS、Androidどちらのストアのページも開きます。

QRコード

#03 Trading Viewの画面の見方

Trading Viewにアクセスすると、ホーム画面が表示されます。慣れてくると最初からチャートのみを表示するなどしてホーム画面に滞在することは少なくなりますが、まずは初期のホーム画面でどのようなことができるかを見ましょう。

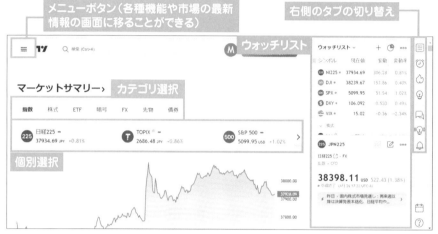

最初に表示される検索窓の表示から、画面を下にスクロールするとマーケットサマリーがあります。これは市場の主要な情報をまとめたものです。カテゴリを押すと、規模の大きい主要なものが個別選択の欄に表示されます。

◎ カテゴリの種類とおもな項目

項目	内容
指数	日経225、TOPIX、S&P500、ナスダック100、ダウ平均株価など
株式	トヨタ自動車、ソニー、ソフトバンクグループ、ファーストリテイリングなど
ETF	SPDR S&P500 ETF、バンガード・トータル・ストック・マーケット、インベスコ QQQ、など
暗号（暗号資産）	ビットコイン、イーサリアム、テザー、バイナンスコインなど
FX	米ドル／円、ユーロ／円、ユーロ／米ドル、ポンド／米ドルなど
先物	金、銀、石油、天然ガス、ゴム、トウモロコシ、大豆など
債券	日本国債10年物利回り、米国債10年物利回り、ユーロ圏国債10年物利回り 英国債10年物利回りなど

● 画面を下にスクロールするとユーザーの投稿などが見られる

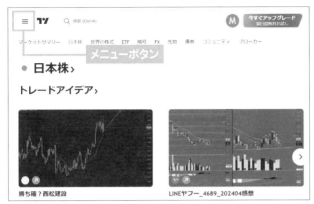

ホーム画面を下にスクロール
すると投稿されたアイデアや
ニュースのヘッドラインを見
ることができます。

● 各カテゴリで見られる項目

項目	項目
エディターズ・ピック	トレードアイデア
コミュニティのトレンド	出来高上位
ボラティリティ上位	値上がり上位
値下がり上位	ニュース

左記の項目が日本株、世界株、ETF、暗号資産、
FXと通貨、先物とコモディティ、債券といっ
たカテゴリで並んでいます。画面左上のメニ
ューボタンを押すことで、それぞれの項目に
ジャンプすることができます。

● 全体の設定とアカウントの管理

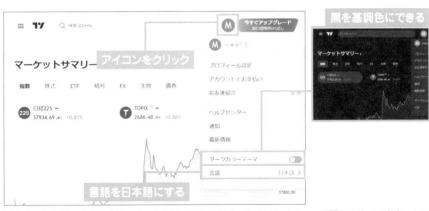

アカウントの頭文字のアルファベットのアイコンをクリックするとメニューが開きます。アカウントの
設定のほか、表示言語や色の設定ができます。こちらについては26ページでも紹介しています。

#04 ウォッチリストの基本的な使い方

Trading Viewの画面右側に表示されているのがウォッチリストです。ウォッチリストには自分が興味があるシンボル（銘柄）を自由に追加したり、順番を入れ替えることができます。また、セクション（カテゴリ）を自分で作って分類することもできるので、使い方を覚えておきましょう。

第1章

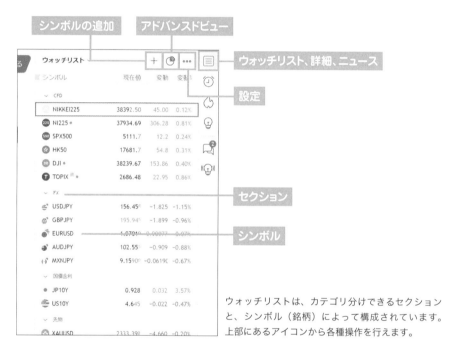

ウォッチリストは、カテゴリ分けできるセクションと、シンボル（銘柄）によって構成されています。上部にあるアイコンから各種操作を行えます。

POINT!!

ラベルでシンボルを管理する

シンボルの左側のマークをクリックするとラベルを付けることができます。自分にとって重要なものに付けて色分けしておくと見やすくすることができます。

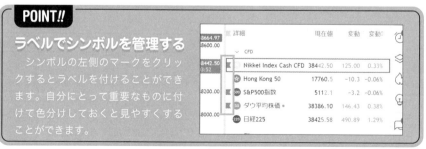

020

① シンボル名を日本語化する

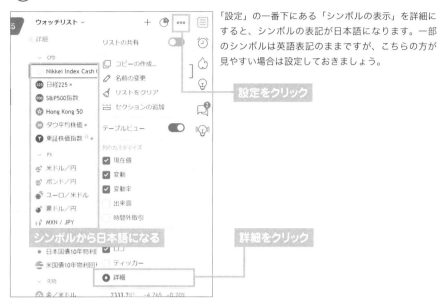

「設定」の一番下にある「シンボルの表示」を詳細にすると、シンボルの表記が日本語になります。一部のシンボルは英語表記のままですが、こちらの方が見やすい場合は設定しておきましょう。

設定をクリック

シンボルから日本語になる

詳細をクリック

② セクションを追加する

セクションとはシンボルを分けるカテゴリのようなものです。名前（SECTION1と書かれている部分）の部分をクリックすることで、好きな名称を付けることができます。

設定をクリック

「セクションの追加」をクリック

カーソルがある上の段に追加される

TradingViewの基本

021

③ アドバンスドビューを使う

アドバンスドビューはウォッチリストを全画面で表示したものになります。銘柄のファンダメンタルや
パフォーマンス、リスク、テクニカル評価などを確認することができます。

④ リストの共有でアドバンスドビューのページを出力できる

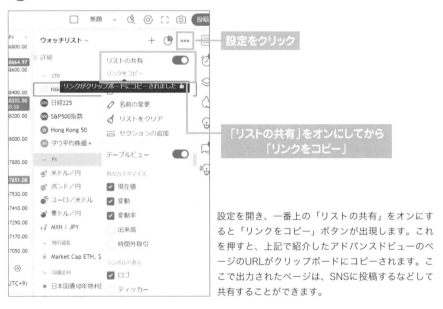

設定を開き、一番上の「リストの共有」をオンにす
ると「リンクをコピー」ボタンが出現します。これ
を押すと、上記で紹介したアドバンスドビューのペ
ージのURLがクリップボードにコピーされます。こ
こで出力されたページは、SNSに投稿するなどして
共有することができます。

#05 ウォッチリストにシンボルを追加する

ウォッチリストの最大のメリットとも言えるのが、自分の好きなシンボル（銘柄）を自由に追加できる点です。「ウォッチリストの上部にある「＋」ボタンを押して追加してみましょう。

ただし、世界中の市場が表示されるため、同じようなシンボルが多数表示されてしまうこともあるので、その場合は25ページをチェックして、必要なシンボルを見つけ出しましょう。

◉ カテゴリから選択する

ウォッチリストの「+」ボタンを押すとシンボルの追加の画面が表示されます。上部にカテゴリが表示されるので、それを押すと主要なものがリストアップされます。また、名称やティッカーシンボルなどで直接検索して探すこともできるようになっています。この時、カテゴリが違うと、名称が正しくても表示されませんので気を付けましょう。

用語解説
ティッカーシンボル 欧米で取引される銘柄を識別するコード。日本の証券コードと同一だが、英字と数字で表記される。

◉ 日本の個別株は証券コードで追加できる

検索の入力欄に文字などを入力することで、シンボルをリストアップすることができます。このとき、日本株の場合は、証券コードの4桁の数字を入力すればリストアップされます。

◉ 同じ銘柄が複数ある場合は市場で選ぶ

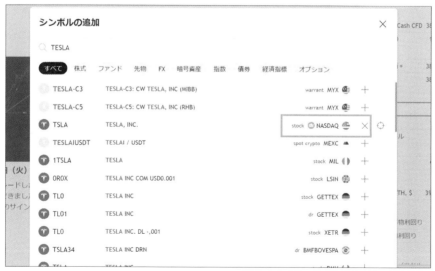

たとえばアメリカの自動車会社である「TESLA」と検索すると、上の図のように多数でてきます。この場合は、「NASDAQ（ナスダック）」の「stock（株）」を選べばTESLAの株がウォッチリストに加わります。

ウォッチリストに追加するときのポイント

名称で入力すると、同じようなものが多数リストアップされます。証券コードやテッカーシンボル、為替や暗号資産ならUSDやBTCなどの単位や略語以外で調べるなどがあります。ポイントを押さえておきましょう。

① 外国株などはすべて英語で入力する

シンボルを追加する際は英語で入力します。日本の個別株、ETFは日本語でもOKですが、前のページのように証券コードで入力した方が早いでしょう。

② 提供会社と一緒にマークもチェックする

提供会社の横にはその市場がある国旗やその会社のロゴが入っています。こちらも参考にしましょう。

③ 自分が取引している銘柄と価格を比較する

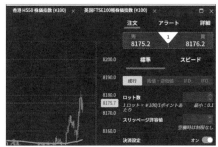

以上の事柄でも判別できない場合は、いったんシンボルを追加してから、実際に自分が取引したい商品と価格を比較するしかありません。Trading Viewはリアルタイムで価格が反映されるので、それで比較をしてみましょう。

#06 アカウントのプロフィールと管理方法

画面右上のアカウントのアイコンをクリックして「プロフィールの設定」を押すと、自分のプロフィールのページが表示され、プロフィールの変更、料金プランの変更、通知や2段階認証などの設定を行うことができます。

◉ 通知に関する設定

通知はPCのデスクトップへの表示と、Eメールによる通知が選べます。通知が煩わしく感じるようであれば各項目のチェックを外しましょう。

◉ 2段階認証など、プライバシーとセキュリティに関する設定

2段階認証はGoogle Authenticatorなどのアプリや、電話番号のテキストメッセージ認証などがあります。Trading View上で取引を行う場合などは設定しておきましょう。

第1章

#07 有料プランの価格とできること

Trading Viewはすべての機能が無料というわけではなく、より高度に使うには有料プランに入る必要があります。有料プランは3種類あり、それぞれ料金がかかります。もっとも安いプランで月額14.95 $（約2,300円・2024年6月時点）＋税金ですが、年間プランだと2か月分安くなります。まずは無料プランで試してみて、もっと使いこなしたい場合は購入を検討するといいでしょう。

◉ プランごとの比較

	Basic	Essential	Plus	Premium
月額料金 ※	無料	14.95$	29.95$	59.95$
チャート表示枚数	1	2	4	8
チャート保存枚数	1	5	10	無制限
インジケーターの表示数	2	5	10	25
ヒストリカルバー	5000本	10000本	10000本	20000本
ウォッチリストの数	1	無制限	無制限	無制限
ウォッチリストごとのシンボル数	30	1000	1000	1000
アラートの数	5	20	100	400
カスタム時間足	×	○	○	○
チャートデータのエクスポート	×	×	○	○
練行足やカギ足、新値足	×	×	○	○
カスタム計算式のチャート	×	×	○	○
タイム・プライス・オポチュニティ	×	×	×	○
自動チャートパターン	×	×	×	○
秒足表示	×	×	×	○
招待専用スクリプトの公開	×	×	×	○
チャート上の通期ごとの財務データ	7年	20年	20年	20年

※2024年5月時点

POINT!!

さらに上のプロフェッショナル版もある

Trading Viewでは、プロフェッショナル版として、「Premium」よりもさらに上の「Expert」、「Elite」、「Ultimate」という3つのプランもあります。こちらは一部の専業トレーダー向けで、金額もとても高くなります。

Trading Viewの基本

有料プランへの加入方法

◉ 「アップグレードする」を押す

全体の設定を開くアイコンの右に表示されている「アップグレードする」のボタンを押します。

◉ プランを選択する

プランが表示されるので選択します。月間プランか年間プランかは画面上側のスイッチで切り替えられます。

◉ 支払方法を選択する

支払い方法を選択します。クレジットカード、またはPaypalなどを選べます。その前に表示されるリアルタイム市場データの購読は先物市場などで発生する遅延が無くなるというサービスになります。

有料プランの解約方法

有料プランを解約する場合は、プロフィール画面から、「アカウントとお支払い」を表示してから「購読をキャンセル」を押していくことで進められます。リアルタイム市場データを後から追加したい場合もここから選択できます。

#08 スマホアプリ版での おもな操作方法

　スマホアプリ版は、いくつかの操作方法が異なるだけで、基本的にはPC版と同様すべての機能が使えるようになっています。第1章で紹介したおもな機能の操作方法は以下の通りです。

画面切り替えは下部のアイコンから選択する

スマホアプリ版の場合は、画面下部のアイコンをタッチすると画面を切り替えられます。PC版のホーム画面にあたる機能は「マーケット」、「アイデア」から選択します。

Trading Viewの基本

◉ ウォッチリストの追加や操作方法

ウォットリストには検索やカテゴリを選択しての追加ができます。また、シンボルをロングタップすると並べ替えや削除が可能です。

◉ メインメニューの操作方法

アカウントのプロフィールや管理

言語などの設定

ダークテーマへの切り替え

ウォットリストには検索やカテゴリを選択してシンボルの追加ができます。また、シンボルをロングタップすると並べ替えや削除が可能です。

第2章

Trading Viewで
チャートを使いこなす

～チャート設定と基本のインジケーター～

#01 チャートのおもな機能の使い方

　それでは実際にチャートの使い方を見ていきましょう。ホーム画面からウォッチリストのシンボルを選択して「スーパーチャートで確認」を押すか左上のメニューボタンから「プロダク

ト」→「スーパーチャート」と選択すると、チャートを表示できるようになっています。チャートのおもなメニューは以下のようになっています。

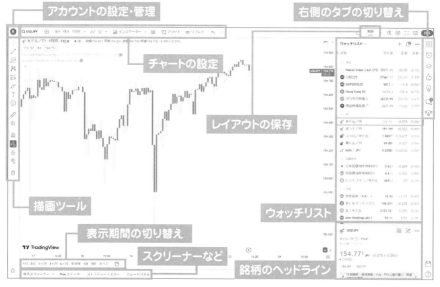

◎ カーソルを動かすとその時間の価格の詳細がわかる

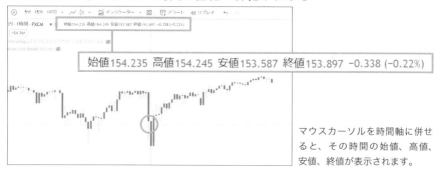

始値154.235 高値154.245 安値153.587 終値153.897 −0.338 (−0.22%)

マウスカーソルを時間軸に併せると、その時間の始値、高値、安値、終値が表示されます。

マウスによる基本操作

◎ マウスホイールを上下に動かすと表示幅を変えられる

チャートに合わせてマウスのホイールを上に回すと、チャートの表示を拡大、下に回すと縮小させることができます。

◎ 右クリックでメニューを表示する

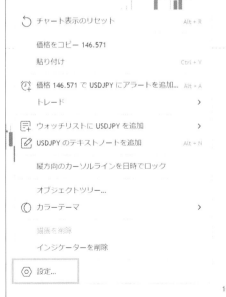

チャート上で右クリックするとメニューが表示されます。表示の設定やカーソルを合わせた価格でのアラートの設定などができます。また、下部の「設定」を押すと、ローソク足の色の変更や表示項目を変更することができます。なお、左の画面は、チャートの空欄部分を右クリックした際のメニューです。右クリックを行う場所によって表示されるメニュー内容は変わります。試してみてください。

ローソク足の色を変える

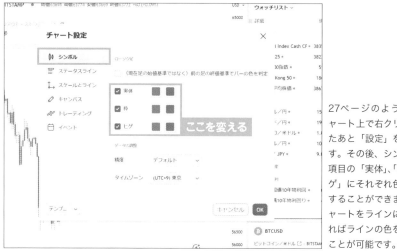

27ページのように、チャート上で右クリックしたあと「設定」を押します。その後、シンボルの項目の「実体」、「枠」、「ヒゲ」にそれぞれ色を設定することができます。チャートをラインにしていればラインの色を変えることが可能です。

ステータスラインの表示を変える

ステータスラインとは、チャート画面左上の項目になります。必要に応じてチェックを外すことで、スッキリさせることができます。

スケールとラインを変える

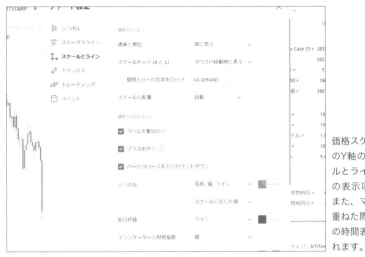

価格スケールはチャートのY軸の表示、価格ラベルとラインは現在値付近の表示項目になります。また、マウスを時間軸に重ねた際のチャート下部の時間表示なども変えられます。

キャンバスを変える

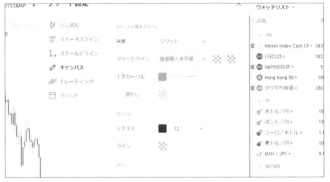

キャンバスはチャートの背景や、マウスカーソルを合わせたときのマークやボタンの表示状態を変更できます。さらにチャートの上下左右のマージン（空白）の大きさなども変更可能です。

POINT!!

トレーディングとイベントは使わない場合は外してOK

トレーディングはTrading View上で取引を行う場合のみ使います。Trading Viewで取引をしないのであれば必要ありません。イベントはユーザーのアイデアや経済指標などをチャート下部に表示できますが、英語表記のみとなっています。

時間足を変更する

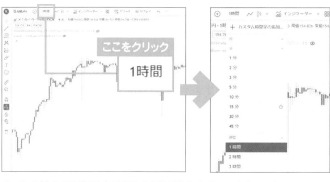

ここをクリック
1時間

左上の時間を選択すると、時間足を変更できます。1時間足であれば「1時間」、日足であれば「1日」を選択します。

◉ よく使う時間足を素早く切り替えられるようにする

常に表示される

時間足の一覧の右側にある★マークをクリックすると、上部に常に表示されるようになります。よく使用する時間足を入れておくといいでしょう。

タイムゾーンを変更する

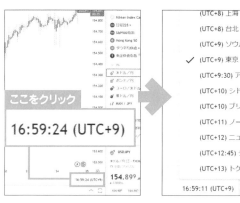

ここをクリック
16:59:24 (UTC+9)

(UTC+8) 上海
(UTC+8) 台北
(UTC+9) ソウル
✓ (UTC+9) 東京
(UTC+9:30) アデレード
(UTC+10) シドニー
(UTC+10) ブリスベン
(UTC+11) ノーフォーク島
(UTC+12) ニュージーランド
(UTC+12:45) チャタム諸島
(UTC+13) トケラウ
16:59:11 (UTC+9)

右下の時間をクリックすると、世界の都市が表示され、タイムゾーンを変更することができます。日本国内からアクセスしている場合は、東京が自動で選択されています。

第2章

スケールを変更する

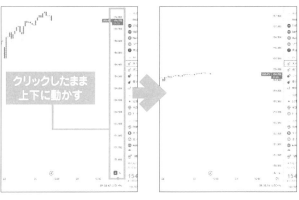

価格スケールは右側の価格欄を上下にドラッグ（左クリックを押したまま動かす）すると動かせます。ダブルクリックすると、自動で価格スケールが画面全体に最適化された状態となります。

◉ 価格スケールの種類を変える

価格スケールの部分を右クリックすると、一番左の時間足を100としたときの100基準や、パーセント表示などができます。画面左下の表示期間の切り替えと合わせて、過去1か月で何パーセント上昇/下落したか、といったことがすぐに調べられます。

バースタイルの変更

時間の右側にあるローソク足やラインのアイコンをクリックするとバーの種類を変更することができます。

おもなバーの種類と用途

● ローソク足

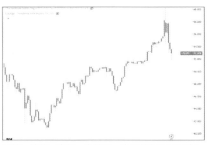

始値、終値、高値、安値を一本の棒状の足で表したもので、チャートではもっともよく使われます。

● 中空ローソク足

陽線が空洞になったローソク足です。陽線の基準は現在の足の始値ではなく前の足の終値です。

● ライン

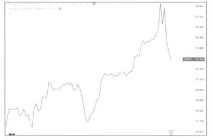

時間ごとの終値をつなげた線です。値動きが少ない銘柄の表示などに適しています。

● マーク付きライン

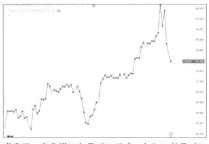

点のマークを描いたラインです。トレンドラインなどを引くときの基準線がわかりやすくなります。

● ステップライン

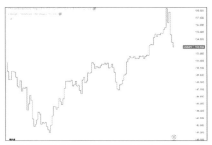

価格水準がより明確に識別できます。「水平レイ」など直線的な描画ツールと相性がよくなります。

● ベースライン

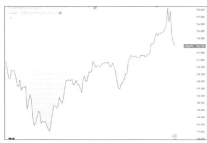

基準価格を定め、上か下かで色分けされます。基準価格はマウスのドラッグで移動できます。

用語解説 Trading Viewで使える描画ツールの1つ。水平ラインとほぼ同じだが、左から右にのみ無制限に延び
水平レイ ていく。

第2章

◉ 平均足

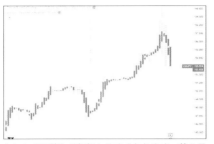

トレンドの流れを把握しやすくなります。前の足の始値と終値の平均が現在の足の始値になります。

◉ 練行足

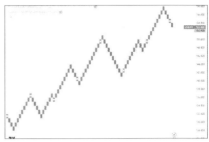

時系列に関係なく、一定の値動きがあった場合にのみ新しい足を形成していくというチャートです。

◉ 新値足

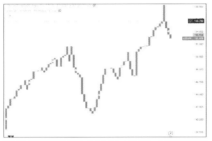

終値が高値を更新した場合には陽線、安値を更新した場合には陰線を入れるチャートです。

◉ ポイント&フィギュア

練行足と同じく不規則時系列チャートで、上昇を×、下落を○で値動きだけを表したチャートです。

◉ カギ足

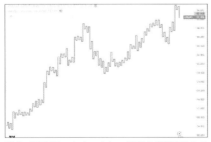

別名「値幅足」ともいわれ、値幅の騰落を1本の線の屈折で表します。非時系列チャートです。

◉ レンジバー

非時系列チャートで、値動きがあったときにのみ記載します。1 ～ 1000レンジまで選べます。

(用語解説)
非時系列チャート 　時間の経過では足が増えないタイプのチャート。価格が事前に決めた一定の基準以上に動いた場合に、右側にチャートを伸ばしていく。

Trading Viewでチャートを使いこなす

#02 描画ツールを使う

描画ツールはチャートに線やメモを書き込んで、分析を行いやすくするための機能です。単に図を書き込むだけでなく、トレンドやパターンを見やすくしたり、測定や予測を行ったり、価格水準を計算したりするツールもあります。描画ツールのメニューは画面左端に表示されています。

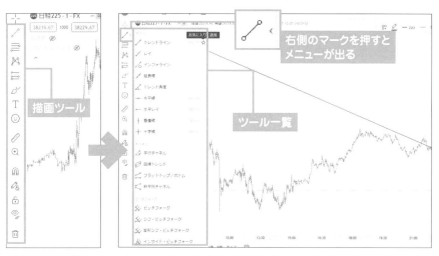

画面左端にある各ツールのメニューアイコンにポインタを合わせると、右に「<」（開くと「>」に変化します）が表示されます。それを押すと同系統のツールの一覧が出ます。

◉ ツールをお気に入りに登録する

各ツール名の右にある☆マークをクリックすると、そのツールをお気に入りに登録できます。描画ツール下の「お気に入り」をオンにすると、登録したツールへのショートカットが表示されます。

第2章

ラインを引く

◉ トレンドラインを引く

トレンドラインを選択し、2か所をクリックすると、始点と終点のその間をつなぐ直線が引かれます。

◉ 水平ラインを引く

水平ラインを選択し、線を引きたいポイントをクリックすると、その高さに水平の直線が引かれます。

◉ そのほかのライン

名前	特徴
レイ	終点に向けて無限にのびるライン。
インフォライン	角度や長さ、時間、値幅などの情報が表示されるライン。
延長線	始点と向きを決めることで両端に延びるライン。
トレンド角度	始点の位置に角度が表示されるライン。
水平レイ	クリック位置から右に向けてのびる水平線。
垂直線	クリック位置に設置される垂直線。
十字線	クリック位置で交差する垂直線と水平ライン。
平行チャネル	平行なラインを2本引くセット。

名前	特徴
回帰トレンド	引いた線を中心に標準偏差となる上下のラインが引かれる。
フラットトップ/ボトム	ラインと水平ラインのセット。
非並行チャネル	角度の違うラインのセット。
ピッチフォーク	3本の平行なトレンドラインを引いて、変化を分析します。
シフ・ピッチフォーク	起点が高値と安値の垂直方向の中間点に来ます。
変形シフ・ピッチフォーク	起点が高値と安値の垂直と水平距離の中間点に来ます。
インサイド・ピッチフォーク	上下に2本ずつのラインが引かれるピッチフォーク。

ギャン&フィボナッチで価格の目安を分析

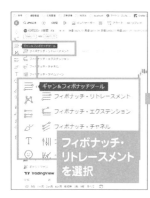

ギャン&フィボナッチツール
フィボナッチ・リトレースメントを選択

ドラッグして範囲を設定

フィボナッチツールはギャン&フィボナッチツールから利用できます。注目したい範囲の高値と安値の間をドラッグします。

フィボナッチ数列に基づいた、23.6、38.2、50、61.8、78.6%の比率が表示されます。この比率が取引の目安とされています。

◉ そのほかのフィボナッチとギャン

名前	特徴
エクステンション	利益目標の設定や、価格がどこまで動くかを予測します。
チャネル	2本のラインの間にフィボナッチ比を引きます。
タイムゾーン	相場転換のタイミングを予測します。
ファン	値幅と時間の両方の観点から同時に分析を行います。
タイムエクステンション	時間軸にフィボナッチを適用して分析するツールです。
サークル	サポートとレジスタンスの水準を示します。
スパイラル	相場の規則性を探せます。

名前	特徴
アーク	トレンドの反転の方向と速度の見極めに使用されます。
ウェッジ	開始地点から広がる円弧上のフィボナッチです。
ピッチファン	フィボナッチ数列で形成される係数で傾斜するレイです。
ギャン・ボックス	繰り返し発生する価格サイクルの測定や検出に使えます。
固定ギャン・スクエア	角度が45度に固定されたギャン・スクエアです。
ギャン・スクエア	起点からサポートレジスタンスラインを予測します。
ギャン・ファン	様々なサポートとレジスタンスのレベルを示します。

用語解説 ギャン アメリカの投資家W・D・ギャンの手法。独自の分析手法を数々生み出した。

用語解説 フィボナッチ イタリアの数学者。フィボナッチ数列という数式が相場分析に使われる。

第2章

チャートパターンを分析する

◉ XABCDパターン

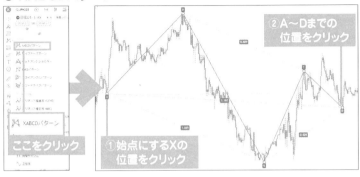

フィボナッチ比率に基づくチャートパターンを描くためのツールです。

◉ エリオット推進波

相場が繰り返す一定のパターンの波を見出すためのツールです。

◉ そのほかのチャートパターン

名前	特徴
サイファー	終点に向けて無限にのびるライン。
ヘッドアンドショルダー	3つの連続した高値とその中間にある2つの安値で形成される反転パターンです。
ABCD	4つの独立したポイントを手動で描画／操作します。
トライアングル	価格の反転の可能性を予測するためのパターンです。
スリードライブ	3番底・天井の後、価格が反転するパターンを識別します。
サイクルライン	等間隔に並ぶ垂直線です。
時間サイクル	半円を規則的に配置します。
正弦波	等間隔な波を配置します。

名前	特徴
修正波	エリオット推進波から続く3波のサイクルを描画します。
波動トライアングル	A～Eの波で成り立つ修正波を描画します。
波動ダブルコンボ	0、W、X、Yから成る波を描画します。
波動トリプルコンボ	0、W、X、Y、Zから成る波を描画します。

POINT!!
チャートパターンとは?
トレンドの転換や継続をチャートの形から予測する相場分析方法です。

Trading Viewでチャートを使いこなす

プロジェクション・ツールで利益を予想する

◎ ロングポジション・ショートポジション

狙っている利益に対して、どれぐらいのリスクを取っているかが、視覚的に分かるツールです。ロングポジションが買いの場合、ショートポジションが売りの場合です。

◎ 設定画面で細かく設定できる

表示部分の上から右クリックで「設定」を選ぶと、より細かい設定ができるようになります。

上下のラインの高さを調整すると「リスク/リワード比」の数字が示され、損益比率が確認できます。1以上なら利益が損失を上回る取引です。

◎ そのほかの予測ツール

名前	特徴
予測	トレードのエントリーとエグジット価格を設定できるツールです。
バーのパターン	価格バーをコピーして配置し、過去や将来の変動と比較できます。
ゴーストフィード	ラインを引くと、仮定のローソク足が出現します。
プロジェクション	価格の将来の動きを見積もるための、扇形の描画です。
価格範囲	範囲内の価格がティックと価格比からのパーセンテージを提示する四角形を配置します。
日付範囲	範囲内の時間と出来高を表示します。

名前	特徴
日付と価格範囲	価格範囲と日付範囲の両方の機能を持つ四角形を配置します。
固定VWAP	出来高で加重した平均価格を測定するために使用されるテクニカル分析ツールです。
FRVP	固定期間出来高プロファイル。指定した日付範囲の出来高データを計算して動きを分析します。
AVP	選択した計算の開始点からバーの終点まで、指定した価格の範囲内で出来高データを計算します。

ゴーストフィードなど、一部の描画ツールはダブルクリックで描画を終わらせる必要があります。

第2章

ブラシ・矢印・図形

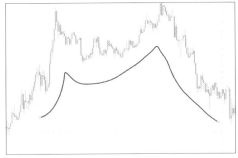

図形やマーカーをチャート上に表示することで独自の分析や目印をつけることが可能です。

ブラシを使うと、フリーハンドで線を描くことができます。

長方形などの図形は、起点と終点をクリックして配置できます。

◎ ブラシ・図形・矢印ツール

名前	特徴
ブラシ	線をフリーハンドで描けます。
マーカー	ブラシより幅広の線を描けます。
矢印マーカー	矢印の図形を配置します。
矢印	矢印線を配置できます。
上矢印	上向きの矢印です。大きさや向きは変更できません。
下矢印	下向きの矢印です。こちらも大きさや向きは変えられません。

配置した図形や線は、配置後に形を調整したり、「設定」から色や太さを変えたりすることができます。

名前	特徴
長方形	2か所をクリックすると、それを角にして長方形を配置します。
回転長方形	2か所をクリックして、それを横に広げて長方形を配置します。
パス	ジグザグの矢印を配置します。
正円	中心をクリックし、次にクリックした幅を半径にした円を作ります。
楕円	回転長方形と同じように、楕円を設置します。
折れ線	多角形や折れ線を配置します。
三角形	3か所をクリックすると、それを角にした三角形が作られます。
円弧	円弧とその間のエリアを塗った図形を配置します。
曲線	弧状の線を配置します。
二重曲線	2つの波を配置します。

ポインタの選択ツール

ポインタの位置

消しゴムツールは、配置した描画
などをクリックすると消すことが
できます。

十字とポイントは、
ポイントした場所
の価格と時間が表
示されます。クリッ
クのたびにエフ
ェクトが出るお遊
びツールです。

絵文字を入力する

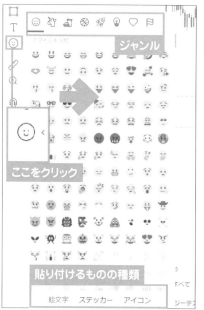

ジャンル

ここをクリック

貼り付けるものの種類

絵文字　ステッカー　アイコン

アイコンツールから、多数のアイコンの一覧が表示さ
れます。上のタブから絵文字のジャンルを選べるほか、
下のタブからステッカーやアイコンも選択できます。

サイズ変更

角度の変更

アイコンを選んで
チャートをクリッ
クすると、クリッ
クした位置にアイ
コンが配置されま
す。配置したアイ
コンは大きさや角
度を変更できます。

第2章

046

アノテーションツールでメモを残す

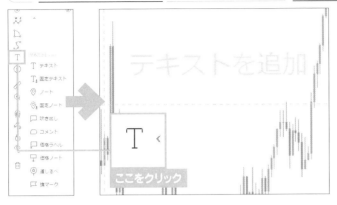

ここをクリック

クリックした位置に文字を入力できるようになります。文字はフォントサイズや色を変えることができます。

● そのほかのアノテーション

名前	特徴
固定テキスト	移動できないテキストです。
ノート	メモを付けたマーカーを配置します。
固定ノート	位置が固定されたノートです。
吹き出し	テキストが入力できる吹き出しです。
コメント	大きさなどが変えられない吹き出しです。

名前	特徴
価格ラベル	ポイント位置の価格を示します。
価格ノート	矢印の先の価格を示します。
道しるべ	チャートのライン上にのみ設置できるテキストです。
旗マーク	大きさなどが変えられない旗アイコンです。
画像	2MGまでの画像を配置します。
アイデア	保存可能なメモです。

マグネットモードを使う

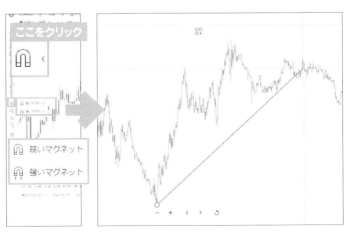

ここをクリック

弱いマグネット

強いマグネット

マグネットモードでは、トレンドラインを引く際などにカーソルが近くにある高値や安値の位置に自動的に吸い寄せられます。

ものさしで値の動きを測定する

「ものさし」ツールを使うと、選んだ期間でどれぐらい値が動いたのかを調べることができます。

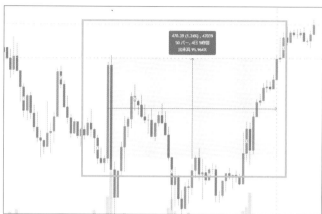

ツールを選択して値の動きを知りたい範囲をドラッグすると、情報が表示されます。上にドラッグした場合は青、下（値下がり）は赤になります。ほかの操作をすると表示は消えます。

オブジェクトツリーで表示を調整

オブジェクトツリーはチャート上にある描画ツールやインジケーターなどを管理することができます。

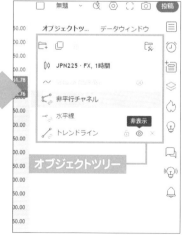

画面右端の「オブジェクトツリー」を選択し、上のオブジェクトツリーのタブを選択すると、描画などの表示・非表示、ロック、削除を選択できるようになります。

描画の削除や複製などの操作方法

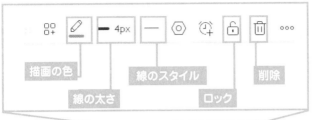

引いたラインなどの描画を選択すると、その描画を操作するためのメニューが表示されます。

◎ 削除する

描画ツールを削除するには、上記のメニューからゴミ箱のアイコンを押す、描画ツールを選択して右クリックで「描画の削除」、ポインタの設定の消しゴムツール、描画ツールの一番下のゴミ箱アイコンを押す、オブジェクトツリーから削除、といった方法があります。

◎ 複製する

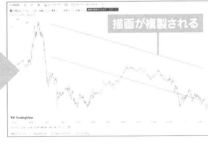

描画を右クリックするとメニューが表示されます。「複製」を選択すると、その描画がコピーされます。

◎ すべての描画をロックする

「すべての描画をロックする」をオンにすると、設置した描画が固定され、操作できなくなります。

画面上の「元に戻す」で直前の操作を取り消せます。Ctrl+Zのショートカットキーでも可能です。

#03 インジケーターの導入と設定方法

実際にトレードする際に役立つのが、チャート上に表示するインジケーターです。インジケーターとはチャートを分析するためのサポートツールで、テクニカル分析に役立ちます。Trading Viewの最大の魅力は、豊富なインジケーターにあるといっても過言ではありません。まずは、インジケーターの導入や設定の方法から見ていきましょう。無料版では同時に2つのインジケーターしか表示できませんが、2つでも十分活用できます。

インジケーターの導入方法

上部の「インジケーター」を押すとインジケーターの画面が表示されるので、種類とカテゴリを選択します。該当するインジケーターの一覧が表示されるので、選びます。また、名称でも検索することができますが、日本語での検索よりも英字による検索を行う方がより多くの検索結果が得られます。

インジケーターは2種類ある

インジケーターはチャートに重なって表示されるものと、下部に表示されるものの2種類があります。

インジケーターの簡易メニュー

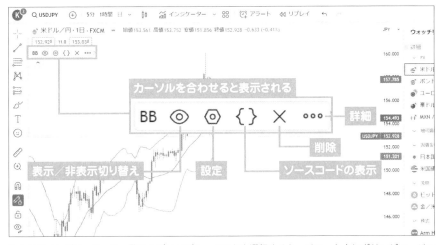

たとえばインジケーターの一覧からボリンジャーバンドを選択すると、チャート上にボリンジャーバンドが表示され、画面左上に「BB（ボリンジャーバンド）」という項目が出現します。ここにマウスカーソルを合わせると、名前の右側にアイコンが出現します。それぞれ以上のような意味があります。

詳細を開いてできること

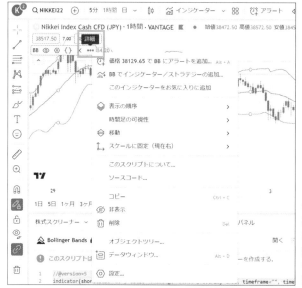

インジケーターの詳細を押すと左の図のようなメニューが表示されます。簡易メニューから選択できるものも多いですが、アラートの設定、表示の順序の変更などはここから行います。

パラメーターを変更する

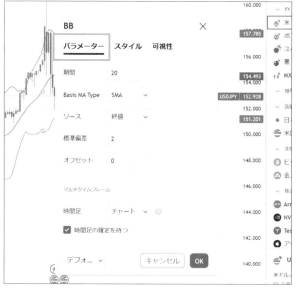

簡易メニュー、または詳細から「設定」を開くとパラメーター変更などの設定画面が表示されます。たとえば、ボリンジャーバンドの場合は、移動平均線と標準偏差によって決まるので、平均を取る期間と偏差の値などを変更できます。

スタイルを変更する

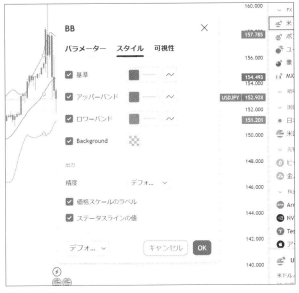

スタイルでは、インジケーターの色や線の種類、太さを変更できます。色がかぶっていたり、価格スケールのラベル表示が多くなって見づらい場合などのときは変更したり、チェックを外したりするといいでしょう。

可視性を変更する

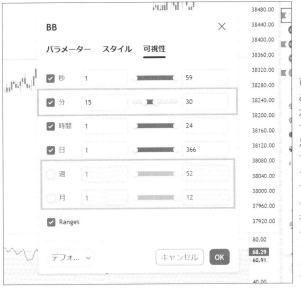

可視性とは、指定した時間軸のみ表示する設定です。たとえば、左のように分の値を15 〜 30にすると、5分足、10分足、45分足などでは表示されなくなります。また、週足、月足のようにチェックを外せば、範囲を問わず表示されなくなります。なお、インジケーターはそれぞれで可視化の設定をしなければなりませんが、描画については、オブジェクトツリーから複数選択することで一括での可視化が可能です。

スマホアプリ版の
チャートの使い方

　ここまでのチャートの操作方法をスマホアプリ版ではどう行うか確認してみましょう。アイコンやボタンはPC版と同じですが、場所などが異なるため、注意しましょう。また、ソースコードの表示など、スマホ版では使えない機能も一部存在します。

ウォッチリストから
チャートを開く場合

ウォッチリストからチャートを開く場合は、開きたいシンボルをロングタップしてから「チャートを開く」でチャート画面に移行します。

チャートを切り替える

チャート画面から直接切り替える場合は、左下のシンボルを上下に動かすと切り替えられます。指で見づらい場合は画面中央を参考にしましょう。

チャート設定画面を開いて色などの変更を行う

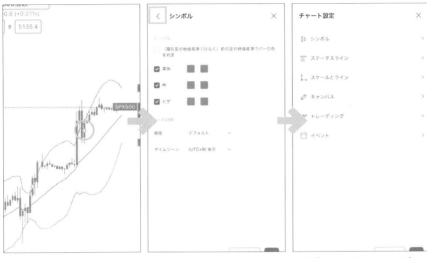

チャートを選択すると、ローソク足の一部に○が付きます。この状態でダブルタップするとシンボルの変更画面が開きます。戻るを押すと28ページのようにチャート全体の設定画面が開きます。

表示幅やスケールの変更

チャート部分を2本の指でピンチイン／アウトするとチャートの表示幅を変えられます。また、価格部分を上下にスライドすると変更します。また、ここをダブルタップすると最適な表示に戻ります。

価格スケールの設定

価格スケールの下部にある設定ボタンを押すと、価格スケールの設定画面が開きます。ここからPC版と同じ（31ページ参照）変更ができます。

⬤ 時間足を変更する

時間足は画面左下のシンボルの右側にある部分を上下に動かすことで変更できます。また、タップして一覧を出して切り替えることもできます。

⬤ 描画ツールを使う

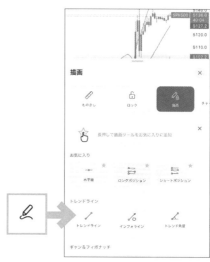

画面右下のえんぴつのアイコンをタップすると描画ツールを開くことができます。呼び出してからチャートに描くことができます。

⬤ チャートタイプなどの変更

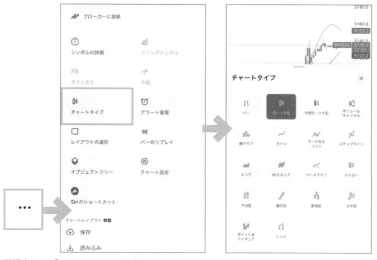

画面右下の「…」のアイコンをタップすると、チャートタイプの変更画面を開くことができます。また、ここからチャート設定やアラートの管理なども行えます。

インジケーターの導入

画面右下の「+」アイコンをタップすると各種追加メニューが開きます。インジケーターの追加はここから行えます。「パーソナル」や「テクニカル」などのカテゴリを選択すると、各種インジケーターの一覧が表示されます。

インジケーターの設定を変更する

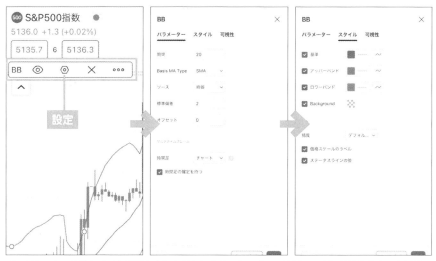

インジケーターを追加すると画面左上に表示されます。各アイコンは51ページで紹介したものと同じですが、ソースコードは表示できません。設定を開けばパラメーターやスタイルの変更を行えます。

よく使われる内蔵インジケーター

Trading Viewのチャートでもっとも重要なものともいえるのがインジケーターです。インジケーターは売買サインを見つけるのに役立つもので、組み合わせることでさらに効果的になります。ここではTrading Viewに内蔵されているインジケーターの中の代表的なものを見ていきましょう。

SMA（単純移動平均）・EMA（指数移動平均）

トレンド系

移動平均線は、一定期間の平均を計算し、線で結んだものです。EMA（指数移動平均線）は、SMA（単純移動平均線）と違い、直近の終値に強く比重を掛けて平均値を計算しています。Trading Viewでは1本しか表示できないので、ゴールデンクロスやデッドクロスを見極められないので注意しましょう。

POINT!!

インジケーター枠を節約する

上記の移動平均線は1本の移動平均線を表示するのに1つのインジケーターを使いますが、63ページで紹介している「MA Ribbon」など、1つのインジケーターで複数の移動平均線を表示できるものもあります。第4章で紹介しているカスタムインジケーターなどでも複数の機能を持つインジケーターがあります。

第2章

BB（ボリンジャーバンド）

ボリンジャーバンドは移動平均線と標準偏差を使った指標です。移動平均線を中心に「価格の大半がこの帯（バンド）の中に収まる」という統計学を応用したものです。バンドの幅が狭まってからの動き出しに順張りしたり、バンドからはみ出したときの逆張りなどで使われます。

Ichimoku Cloud（一目均衡表）

転換線・基準線・先行スパン（2本）・遅行線という計算式の異なる5本の線を使った、昭和初期に細田悟一氏が作った指標です。2本の先行スパンに挟まれた雲が抵抗帯として判断できるほか、転換線＞基準線、ローソク足＞雲、遅行線＞ローソク足で強い買いのシグナル（売りのシグナルはその逆）と判断する使い方が一般的です。

スタイルの設定で雲のみ表示することも可能です。

MACD（移動平均収束拡散）

MACD（通称マックディー）は、移動平均の発展版ともいえる指標です。短期EMA－長期EMAであるMACD、MACD自体をEMAで移動平均化したMACDシグナルという2本の線を使います。線が交差するゴールデンクロスで買い、デッドクロスで売りと判断します。

MACDの基本はEMAで構成されていますが、このインジケータではSMAで表示することもできます。

RSI（相対力指数）

現在の相場の相対的な過熱感を表す指標です。逆張りシグナルとして使い、実際の値動きが直近の高値（安値）を更新しているのにRSIは下がっている（上がっている）ときのダイバージェンスからトレンドの転換を見つけるときなどに使います。

パラメーターで時間足の確定前に動く設定、チャートの表示とは違う時間軸で表示することもできます。

Auto Fib Retracement（オート・フィボナッチ・リトレースメント）

描画ツールであるフィボナッチ・リトレースメントを直近の安値／高値（またはその逆）に自動的に引きます。トレンドに沿って反対方向に引く、「Auto Fib Extension（オート・フィボナッチ・エクステンション）」もあります。

このインジケーターは、パラメーターからフィボナッチの数字を変更することもでき、オリジナルの黄金比を作ることができます。

STOCH（ストキャスティクス）

動きの速い％Kラインと動きの緩やかな％Dラインの2本の線を使って、相場の過熱感を判断する指標です。0～20％で％Kが％Dを上に抜ける動きは買い、80～100％で％Kが％Dを下に抜ければ売り、などと判断します。

パラメーターで時間足の確定前に動く設定、チャートの表示とは違う時間軸で表示することもできます。

24時間出来高

現在の相場の相対的な過熱感を表す指標です。逆張りシグナルとして使い、実際の値動きが直近の高値（安値）を更新しているのにRSIは下がっている（上がっている）ときのダイバージェンスからトレンドの転換を見つけるときなどに使います。

パラメーターで通貨の単位を変更することができます。

ATR（アベレージ・トゥルー・レンジ）

オシレーター系

もともとは商品先物取引向けに開発された指標で、ボラティリティの測定に利用されます。価格の方向は関係なく、低ければ相場が安定している、高ければ急激な値動きで不安定であることを示しています。

パラメーターで時間足の確定前に動く設定、チャートの表示とは違う時間軸で表示することもできます。

KST（ノウ・シュア・シング）

オシレーター系

異なる4つの区間のROC（変化率）を移動平均化し、モメンタムを測定しています。値の上下で買われすぎ、売られすぎを判定できるほか、価格が下がっている（上がっている）のにKSTは上昇している（下降している）というダイバージェンスでトレンドの反転を見極めることができます。

MA Ribbon（移動平均リボン）

トレンド系

最大4本まで移動平均線を表示できるインジケーターです。設定でSMA（単純移動平均）、EMA（指数移動平均）、SMMA（平滑移動平均）、WMA（加重移動平均）、VWMA（出来高加重移動平均）から選択可能で、期間もそれぞれ設定できます。

パラメーターで時間足の確定前に動く設定、チャートの表示とは違う時間軸で表示することもできます。

用語解説
モメンタム 過去の値動きの変化から現在の相場の勢いや方向性を判断するテクニカル指標。Trading Viewの内蔵インジケーターにも「MOM（モメンタム）」がある。

MTPC（マルチタイム期間チャート）

1つのチャート上にさらに他の時間足を重ねて表示することができるマルチタイムフレーム系のインジケーターです。「AutoTimeframe」のチェックを外し、設定を変更すれば期間を自由に選ぶことができるので、1時間足の上に4時間足、または日足などを置くことができます。

Parabolic SAR（パラボリック・ストップ&リバース）

時間と価格を考慮した指標で、上昇トレンドのときは下側、下降トレンドのときは上側に放物線（パラボラ）が表示されます。上昇（下降）トレンドにある価格がパラボラを下（上）に抜けた場合はトレンドが転換して反転のシグナルとみなします。

パラメーターで時間足の確定前に動く設定、チャートの表示とは違う時間軸で表示することもできます。

第2章

Pivots（ピボットポイント・スタンダード）

サポートラインやレジスタンスラインを判別するために使用されるインジケーターです。トラディショナル、フィボナッチ、ウッディ、クラシック、DM、カマリラと、全6種類の計算タイプから選ぶことができ、シンボルに合っていそうなタイプを選んで使用します。

SMI（ストキャスティクス・モメンタム指数）

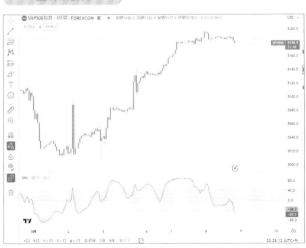

通常のストキャスティクスに改良を加え、直近の終値と高値／安値のレンジ内の中央値との距離を測定しています。SMI自体とそれを基に算出したEMAの2本が表示されており、一般的には40を上回れば強気、− 40を下回れば弱気を意味します。

パラメーターで時間足の確定前に動く設定、チャートの表示とは違う時間軸で表示することもできます。

スーパートレンド

アベレージ・トゥルー・レンジ (ATR) に基づいてトレンドを表示するインジケーターです。上昇トレンドの場合は下側、下降トレンドの場合には上側にラインが表示され、緑と赤のエリア表示で視覚的にもわかりやすくなっているのが特徴です。

パラメーターで時間足の確定前に動く設定、チャートの表示とは違う時間軸で表示することもできます。

アルティメット・オシレーター

オシレーター系

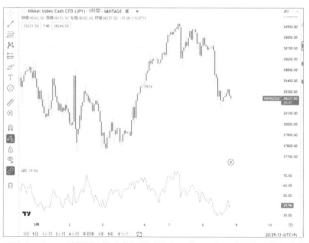

3つの異なる期間でのモメンタムを組み合わせており、価格の急激な変化があったあとでも偽のダイバージェンスが出ないよう工夫されたオシレーター系指標です。価格が下がっている（上がっている）のにアルティメット・オシレーターが上がっている（下がっている）ダイバージェンスが出たときがトレンド転換のサインとなっています。

パラメーターで時間足の確定前に動く設定、チャートの表示とは違う時間軸で表示することもできます。

Zig Zag（ジグザグ）

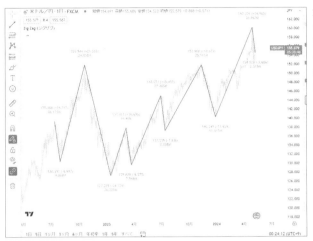

大きな反転があったときにポイントを付け、大きなトレンドを視覚的に把握しやすくなっています。いわゆるN波動が視覚的に判別しやすくなります。

POINT!!

公式サイトで各インジケーターの詳細をチェックしよう

　ここで紹介しているもの以外にも、内蔵インジケーターだけでじつに100以上のものが存在します。Trading Viewの公式サイトで各インジケーターの計算式や歴史、どこに着目すればいいかなどが解説されているので、公式サイトをチェックしましょう。Google検索で「Trading View 内蔵インジケーター」と検索すれば出てきます。

URL：https://jp.tradingview.com/support/folders/43000587405/

#06 ストラテジーで売買サインを自動分析

ストラテジーはインジケーターと同じように追加する指標ですが、一定の戦略に従ってシンプルに売買サインのみを出すというものです。こちらはストラテジーテスターで、この戦略でどれだけ利益を出すことができるかを確認できるようになっており、売買のサインとして利用できます。

注意点としては、同じストラテジーでも、数値を変えたり、どのシンボルにするか、時間足をどれにするかで結果が大きく変わってくる点です。自分にあったストラテジーを探すには、いろいろなパターンで結果を確認するしかありません。

ストラテジーの導入方法

上部の「インジケーター」を押し、左側メニューからテクニカルを選択すると、インジケーターの画面が表示されるので「ストラテジー」を選択します。ここから個別に選んでいきます。

ストラテジーテスターの確認方法

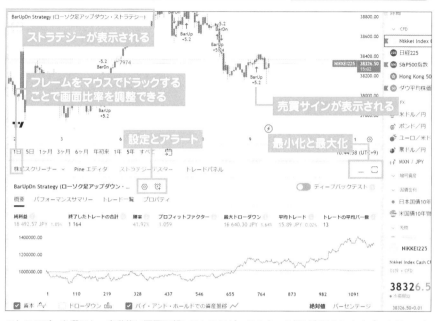

ストラテジーを選ぶと、自動的に画面下部にストラテジーテスターの欄が表示されます（マウスでフレームを上にドラッグして広げられます）。トレード結果や勝率、資金の推移などがわかります。

◎ ストラテジーテスターの内容をチェックする

ストラテジーテスターの内容は下のタブから見ることができます。パフォーマンスサマリーはトレードにおける総利益、総損失などで、トレード一覧はいつどのようにトレードを行ったかの一覧、プロパティではテストの範囲やシンボルや時間足を確認できます（画面はプロパティを表示）。ディープバックテストはPremium以上のプランで使える機能で、日付範囲を指定してパフォーマンスを調べられます。

プロパティで自分にテストを合わせて変える

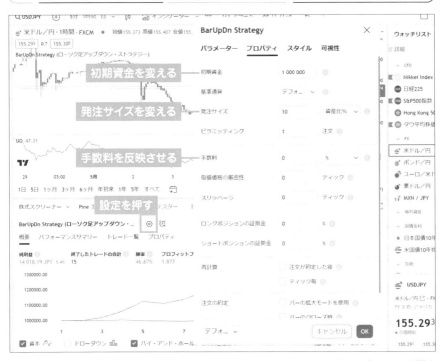

ストラテジーテスターの上に表示されているストラテジーの設定を押すとテスターのプロパティが開きます。ここでは初期資金や、発注するロット数、手数料を入れるなどができます。

◉ ストラテジーの内容を変更する

パラメーターを選択すると、ストラテジーでの数値を変更することができます。これも結果が大きく変わってくるポイントです。

POINT!!

ストラテジーで自動売買はできる?

ストラテジーでは売買ポイントが表示されるだけで、実際の売買は自分が扱っている取引所で発注する必要があります。ただ、Trading Viewではストラテジーを利用した自動売買機能を実装する予定もあるとアナウンスされています（2024年5月時点）。

内蔵ストラテジーの一覧とその戦略

ストラテジー	戦略（買い）
ローソク足アップダウン・ストラテジー	現在のバーが陽線で、始値が1つ前のバーの終値よりも高ければエントリー
ボリンジャーバンド・ストラテジー	ロワーバンド（-σ）を下回り、価格がロワーバンドから上方に戻ったらエントリー
ボリンジャーバンド売買方向指定ストラテジー	ボリンジャーバンドストラテジーで買いのみ、売りのみの指定ができる
チャネルブレイクアウト・ストラテジー	直近4本のバーの最高値と最安値に基づいたチャネルバンドを超えたらエントリー（バーの本数は指定可能）
連続アップ／ダウン・ストラテジー	最小3本のバーの期間において、現在の終値が1つ前の終値を連続して上回っている場合にロングエントリー
グリーディ・ストラテジー	現在の始値と1つ前のバーの高値または安値との間にギャップがある場合にエントリー。ポジションの方向が一致している限り、同じ方向に注文を入れ続ける
インサイドバー・ストラテジー	インサイドバー（前の足よりも高値、安値ともに内側に入っている）、はらみ足が形成されたらエントリー
ケルトナーチャネル・ストラテジー	チャートの価格がケルトナーチャネルのバンドを上抜けた場合にエントリー
MACDストラテジー	MACDのヒストグラムがマイナスからプラスに変化した時にエントリー
モメンタム・ストラテジー	期間内の価格変動がプラス、かつ直近のバーから期間内の価格変動が上昇した場合にエントリー
2本の移動平均線の交差ストラテジー	期間9の短期MAが期間18の長期MAを上抜けしたらエントリー（ゴールデンクロス）
移動平均と価格の交差ストラテジー	バーの終値が移動平均より高いとエントリー
アウトサイドバー・ストラテジー	直近の高値が前回の高値を上回り、かつ直近の安値が前回の安値を下回った場合（包み足）にエントリー
パラボリックSARストラテジー	パラボリックSARインジケーターが上方から下方に位置を変えたらエントリー
ピボット拡張ストラテジー	左の足X本と右の足Y本でピボットローが発生したらエントリー（ただし右の足の本数分ラグが発生する）
ピボット反転ストラテジー	始値がピボットポイント（PP）より上の場合にエントリー
価格チャネル・ストラテジー	直近20本の最高値と最安値を基にしたバンドのチャネルを作成し、1つ前のバーのチャネル上限と等しければエントリー
ロブ・ブッカー・ADXブレイクアウト	バー14本分のADX（平均方向性指数）をブレイクしたらエントリー
RSIストラテジー	RSIが売られ過ぎラインから上にクロスしたらエントリー
スローストキャスティクス・ストラテジー	ストキャスティクスの%Kが20を上に抜けたらエントリー
スーパートレンド・ストラテジー	スーパートレンドを基にトレンドが反転したらエントリー
テクニカルレーティング・ストラテジー	複数のテクニカルインジケーターに基づき、サインが出たらエントリー（※）
ボルティ・エクスパン・クローズ・ストラテジー	直近の5本のバーのATRに係数を掛け、現在のバーの価格が1つ前のバーの上限バンドを上回ったらエントリー

※テクニカルレーティング・ストラテジーのサインのみによる売買は推奨しない、との注意書きがあります

#07 出来高プロファイルで 出来高をリアルタイム表示

インジケーターとして入れられるものの1つが出来高プロファイルです。こちらは決められた期間内での特定の価格帯の取引状況をチャート上に示す、というものです。見ることができるのは当日分のみですが、CFD、FX、個別株、先物など多くのシンボルで確認することができます。プロファイルには全部で8種類あります。

どの価格帯で取引が活発に行われたかわかるため、レジスタンス／サポートラインがわかりやすくなるほか、買いと売りのどちらが活発かも判別しやすくなります。

◉ 出来高プロファイルの種類と内容

プロファイル	内容
AAVP（オートアンカー出来高プロファイル）	最も重要な価格ポイントと出来高の水準を自動判別する
FRVP（固定期間出来高プロファイル）	指定した日付範囲の出来高データを表示する
PVP（周期的出来高プロファイル）	指定した期間ごとに出来高プロファイルを計算して、それぞれの出来高分布を表示する
SVP（セッション出来高プロファイル）	指定したセッション（マーケット時間）の出来高を表示する
SVP HD（セッション出来高プロファイル HD）	セッション出来高プロファイルに加え、チャートを拡大すると価格帯表示の細かさが自動調整される
VRVP（可視範囲出来高プロファイル）	チャート上で見えている範囲で出来高を計算する

Time Price Opportunities、Session Time Price OpportunitiesはPremiumユーザー以上のみ

第2章

#08 ローソク足のパターンを表示する

ローソク足には酒田五法のように、売買のシグナルと判断できる特定の形があります。それを自動で発見してくれるのが「パターン」です。こちらは、指定した形のローソク足が出るとチャート上に表示してくれるというものです。なお、プレミアムユーザー以上であれば、ダブルトップやヘッドアンドショルダーなどの形が出たときに表示してくれる機能もあります。

指定したローソク足のパターンが出現するとチャート上にラベルが表示されます。

◎ おもなローソク足パターン

パターン	パターン	パターン
Tweezer Bottom（毛抜き底）	弱気の下放れタスキ	弱気の行き違い線
同時線	弱気の下窓	弱気の陰の丸坊主
弱気のあて首線	弱気の包み線	弱気の首吊り線
弱気のはらみ寄せ線	弱気の十字線	弱気の黒三兵
弱気のはらみ線	弱気の宵の同時線	このほか、強気のシグナルもあります。
弱気のトウバ	弱気の宵の明星	
弱気の三ツ星	弱気の捨て子線	
弱気の上影線	弱気の毛抜き天井	
弱気の下げ三法	弱気の流れ星	

Trading Viewでチャートを使いこなす

#09 個別株で使える ファンダメンタル分析

個別株の場合はファンダメンタル情報をチャート上に表示することもできます。損益計算書、貸借対照表、キャッシュフロー、統計の4つのカテゴリから入れることができます。

ファンダメンタル情報はチャートの下部に表示されます。入れすぎるとチャート自体が見づらくなってしまうので、枠を縮めるなどして対応しましょう。

◎「ファンダメンタル」から入れる

入れ方はインジケーターと同じですが「ファンダメンタル」を選択して、そこからカテゴリを選び、個別に入れます。なお、「設定」から、決算書に合わせた通貨表示に変更も可能です。

第3章

Trading Viewの便利機能

#01 チャートのレイアウトを変更する

　有料プランであれば、同じ画面にチャートを2つ以上表示することができます。プランによって表示できる数は違いますが、レイアウトの種類も豊富で、好みに合わせて変更することができるようになっています。

画面右上にある「□」のアイコンをクリックするとレイアウトの選択メニューが表示されます。

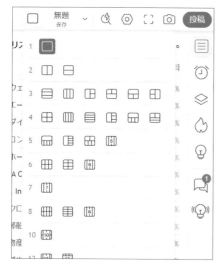

レイアウトが表示画面数に応じてスタイルを選択できます。また、それぞれのチャートで同期する項目を選ぶことも可能です。

2画面のレイアウト

● 縦に2つ表示する

チャートを縦に2表示すると、このようになります。それぞれ別のインジケーターを表示することもできるようになっており、たとえばEssentialの場合であれば、それぞれの画面に5個ずつインジケーターを入れられます。

● 横に2つ表示する

横に2つ表示した場合は左の図のようになります。

POINT!!

ブラウザで2画面表示する

ブラウザのウィンドウを2画面開くとこのように2つのチャートを表示することもできます。ただし、規約に抵触する可能性もあるので、過度の利用は控えましょう。

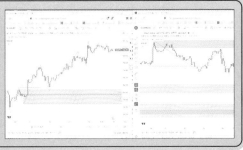

#02 インジケーターの設定なども保存できるレイアウト管理機能

銘柄によってインジケーターを変える場合、1度設定したものを削除して入れ直すのはとても面倒です。その手間を省いてくれるのがレイアウト保存機能です。これは、表示している画面構成、時間軸やインジケーターのセット、設定などすべてを保存する機能で、保存しておけば、いつでも簡単に呼び出すことができるようになります。

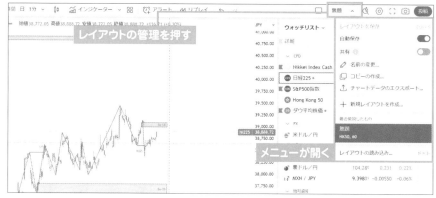

画面上部の「∧」のアイコンをクリックするとレイアウトの管理メニューが開きます。初期設定では自動保存がオンになっており、「無題」の最新の状態が自動的に保存されている状態になります。名前を変更しておきましょう。

◎ チャートレイアウトの名前を変更する

メニューで「名前の変更」を選択するとレイアウトに名前を付けられます。あとからわかりやすい名称を付けておきましょう。

◉ 新規レイアウトを作成する

新しくレイアウトを作る場合は「新規レイアウトを作成」を押して、同じように名前を付けます。

◉ レイアウトを読み込む

レイアウトを読み込む場合は「最近使用したもの」から選びましょう。インジケーターなど、保存した状態のものを復元できます。

◉ レイアウトを削除する場合

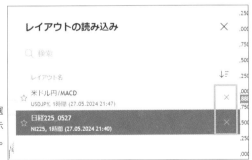

メニューで「レイアウトの読み込み」を選択すると保存したレイアウトの一覧が表示されます。ここから読み込みもできます。右側の「×」を押すと削除されます。

#03 2つのチャートを比較表示する

　前のページのようにチャートを2画面表示にしなくても、違うチャートを比較できる方法もあります。それが比較チャートです。たとえば、ドル／円と米10年債利回りなど、関連の強いシンボルを同時にチェックできます。

画面左上にある「＋」アイコンをクリックし、比較対象のシンボルを追加します。検索欄に入力して探せるほか、最近表示したシンボルから選べます。

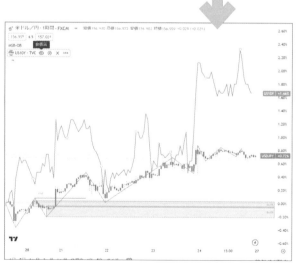

比較するシンボルを選択する際、比較したいシンボルの右側に表記の選択項目が表示されます。たとえば、「同じ％スケール」を選択すると、右側の価格スケールが％表記に変わり、2つのチャートが重なって表示されます。「新しい価格スケール」なら左側に比較対象の価格スケールが表示されます。比較対象のチャートは自動的にライン表示になります。

第3章

比較チャートの移動や削除

◉ 上下に2つ表示する

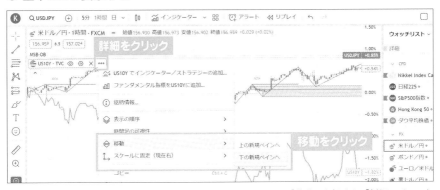

比較チャートを選び左上に表示された「詳細」をクリックしたあと「移動」を押すと「新規ペイン」として既存のチャートの上もしくは下へ表示できます。

POINT!!
ローソク足に変更する
別ペインで表示した後、比較チャートの「設定」からのスタイルでローソク足への変更も行えます。

比較対象のチャートが分かれて表示されます。「上の新規ペイン」を選ぶと上側に表示されます。また、チャートの表示方法の選択の際に「新規ペイン」を選択すれば、最初から上下に分かれます。

◉ 比較チャートを削除する場合

比較チャートを削除したい場合はチャートの名称部分にカーソルを合わせて「×」の削除を選択しましょう。重ねて表示していても新規ペインとして表示していても同じように削除できます。

#04 チャートに経済指標を表示する

各国の経済指標の発表や企業の決算発表などは為替や株式に大きな影響を与えることがあります。これらはイベントとしてTrading Viewのチャートに記載することができるようになっています。

画面右上の「設定」をクリックし、「イベント」の項目を選択します。「経済イベント」(個別株の場合は「配当」、「分割」、「決算」とある)にチェックを入れておきましょう。

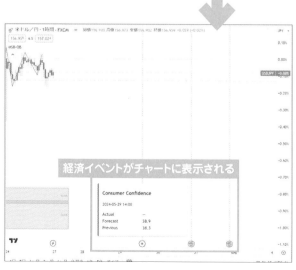

チャートの下側にイベントが表示されます。上記で「イベント区切り」にチェックを入れておけば破線が表示されるようになります。

そのほかの詳しいイベントをチェックする

チャート画面右下の「カレンダー」をクリックすると1週間単位でイベントが表示されます。さらにイベントのカテゴリを選択できます。

日本の企業の決算発表を表示する

イベント画面の右上の「設定」→「国別」と進むと、特定の国のイベントのみ表示させることができます。ここで「日本」を選択して、カテゴリーで「決算」を選択すれば、日本の企業の決算発表のみを表示できます。

　チャートに表示している銘柄は画面右下に各種データが表示されます。テクニカルやファンダメンタルの情報など、役立つデータが多いので、ぜひチェックするようにしましょう。とくに個別株の場合は財務諸表がグラフで表示されたり、株価の予測などを見ることができます。

チャートを開くと画面右下に小窓で情報が表示されます。その中にさらに3つのボタンがあり、「指標」で表示する情報を選択できるほか、自分のメモを記載できる「ノートの追加」、「設定」とあります。「設定」では小窓に表示する項目を取捨選択できます。なお、為替や先物などについてはテクニカルのみ表示することが可能です。

◉ テクニカルで表示される情報

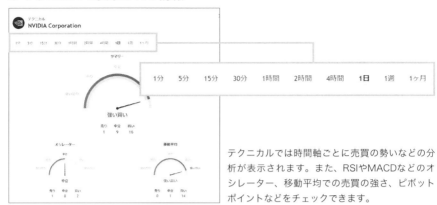

テクニカルでは時間軸ごとに売買の勢いなどの分析が表示されます。また、RSIやMACDなどのオシレーター、移動平均での売買の強さ、ピボットポイントなどをチェックできます。

◉ ファンダメンタルで表示される情報

ファンダメンタルでは会社の概要や財務諸表、決算などの情報をチェックできます。また、特定の情報を探したい場合は、虫メガネのアイコンをクリックしてキーワード検索もできます。

◉ 予測で表示される情報

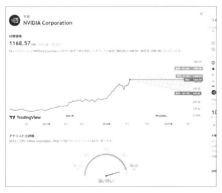

今後の株価の予測だけでなく、アナリスト評価、売上予測やEPS（1株当たり純利益）の予測などもチェックできます。

#06 ショートカットキーを使って 素早く操作する

Trading Viewでもパソコンの操作ではお馴染みの各種ショートカットキーで操作することが可能です。たとえば、描画ツールで同じものをコピーして貼り付けたり、間違えてしまった操作などを元に戻す、といった操作がショートカットキーで行うことができるようになっています。

◎ ショートカットを使って平行なトレンドラインを引く

トレンドラインを選択してCtrl+Cでコピーします。

Ctrl+Vを押すと同じ角度のトレンドラインが貼り付けられます。

これを移動すれば平行なトレンドラインをキレイに引くことができます。

第3章

086

そのほかのおもなショートカットキー

ショートカット	操作
「/」	インジケーターを開く
「.」	チャートレイアウトを読み込み
「,」または数字	チャートの時間軸の変更
「→」「←」	足を左右に移動する
「Ctrl」+「Z」	作業を元に戻す
「Ctrl」+「Y」	元に戻した作業をやり直す（※上記「Ctrl」+「Z」などの戻した作業時に適用）
「TAB」	チャートの切り替え（レイアウトが2画面以上）
「Alt」+「A」	アラートの追加
「Alt」+「G」	チャートの日付を指定する
「Alt」+「N」	テキストノートの追加
「Alt」+「S」	スナップショットを撮る
「Alt」+「R」	チャートの表示位置をデフォルトの位置に戻す
「Alt」+「W」	銘柄をウォッチリストに入れる
「Alt」+「P」	アイデアの公開ダイアログを開く
「Shift」+「B」	買い注文（※売買できるブローカーのアカウントとの連動が必要）
「Shift」+「S」	売り注文（※売買できるブローカーのアカウントとの連動が必要）
「Alt」+「H」	水平ラインを引く
「Alt」+「V」	垂直ラインを引く
「Alt」+「C」	クロスラインを引く
「Alt」+「T」	トレンドラインを引く（※トレンドラインが描画できるモードになる）
「Alt」+「F」	フィボナッチ・リトレースメントを引く（※フィボナッチ・リトレースメントが描画できるモードになる）
「Ctrl」+「C」	コピー（描画ツール、インジケーターなど選択できるもの）
「Ctrl」+「V」	貼り付け
「Ctrl」+ドラッグ	描画物の複製
長方形描画ツールで「Shift」	正方形が描画できる
円描画ツールで「Shift」	正円が描画できる
トレンドラインやチャネルラインで「Shift」	45度、または水平ラインが描画できる
（ウォットリスト内で）「↓」または「↑」	ウォッチリスト内で上下移動
（ウォットリスト内で）「Ctrl」+「A」	ウォッチリストを全選択
「Shift」+「↓」、「Shift」+「↑」	ウォッチリストの下の銘柄、または上の銘柄を合わせて選択する

TradingViewの便利機能

#07 アラート機能で相場を見られない時間をカバーする

　相場をチェックしていない時間に急激な変化があったり、売買サインを逃してしまう経験は誰しも1度はあるでしょう。そんなときに便利なのがTrading Viewのアラート機能です。

アラートは特定の価格だけでなく、インジケーターにもセットできます。メールやスマホアプリの通知機能で知らせるなど、自分のスタイルに合わせることができるのもポイントです。

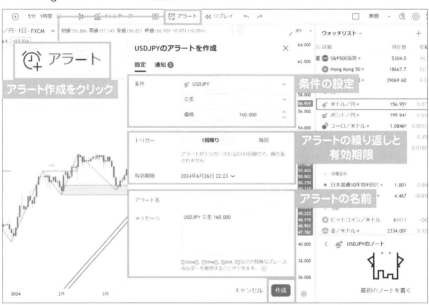

メニューの「アラート」をクリックすると、アラートの作成画面が開きます。条件やトリガーや有効期限などを決め、「作成」を押せば完了します。条件には以下のような設定方法が可能です。

◉ アラートの条件

種類	条件
交差	上下に関わらず価格を超える
上に交差／下に交差	上方向に抜ける／下方向に抜ける
より大きい／より小さい	設定した価格よりも上回る／下回る
チャネルに入る／チャネルから出る	設定した価格の間に入る／抜ける
上に移動／下に移動	バーn本分の間に設定した価格分の上昇／下落
上に%移動／下に%移動	上記の条件をパーセンテージで指定

◎ インジケーターをアラートにセットする

インジケーターを選択した状態でメニューの「アラート」を押すと、アラートの条件がインジケーターのものに変わります。たとえばMACDの場合は「Falling to Rising（ゴールデンクロス）」、「Rising to Falling（デッドクロス）」のほか、通常の条件ように「指定した値を交差」といった条件も可能です。

◎ 描画ツールをアラートにセットする

自分が引いた線や図形を選択した状態で「アラート」を押すとその線や図形に合わせたアラートをセットすることができます。

作成したアラートを管理する

◉ アラートを管理する

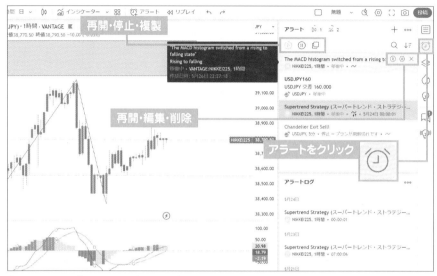

右のメニューの「アラート」を押すと、稼働中のアラートやアラートのログが表示されます。アラートを選択してダブルクリックするか右クリックから「編集」をクリックすると、編集画面を呼び出せます。

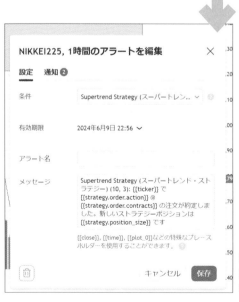

編集画面はこのようになります。条件、有効期限やアラート名などを変更することができます。

アラートの通知方法を設定する

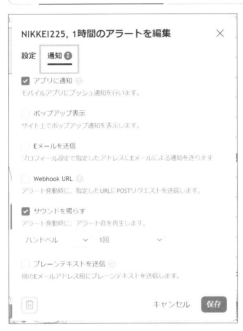

アラートの作成、または編集の「通知」を押すと、通知方法を選択できます。「アプリに通知」の場合は、スマホアプリ版をインストールしている必要があるのと、アプリの通知をオンにしている必要があるので、設定を確認しておきましょう。

また、「サウンドを鳴らす」では、鳴らすサウンドを選ぶことができます。「▷」で再生できるので、好みの音を選択しましょう。

◉ トリガーの条件

種類	条件
1回限り	設定した条件と一致したときに1回だけアラートする
バーにつき1回	各バーごとにチェックし、条件が満たされるたびにアラートする。ただし、バーにつき1回のみ
バーの終値毎に1回	上記と同じ。ただし、アラートのタイミングはバーの終値のときになる
毎分1回	条件を毎分チェックし、条件が満たされるたびにアラートする

アラートのトリガー条件によっては頻繁に通知が来すぎてしまうこともあります。トリガーの条件は、よく把握しておくといいでしょう。

POINT!!

アラートの時間軸も重要になる

アラートを作成すると、チャートで表示している時間軸でのアラートとなります。たとえば1分足を表示したままアラートを作成すると1分足でのアラートとなるので、アラートを作成する際には注意しましょう。

Trading View上でトレードを行う

Trading Viewはチャートを表示するだけでなく、そこから注文の発注を行うことが可能です。提携している証券会社のみですが、Trading Viewのアカウントのみでペーパートレード（デモトレード）もできるので、こちらでトレードの練習をしてみるのもいいかもしれません。ペーパートレードはTrading Viewのアカウントがあれば誰でも使えます。取引時間なども実際の取引同様、リアルタイムで取引できる銘柄のみ売買できます。

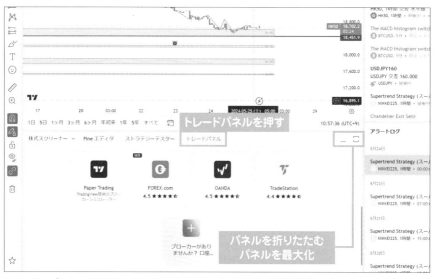

画面下部の「トレードパネル」を押すと対応している証券会社・取引所が表示されます。このうち、日本でも対応しているのは以下の3社です。

◉ Trading View上で取引ができる日本対応の証券会社

会社名	種類	URL
FOREX.com	FX、CFD	https://www.forex.com/jp/
OANDA	FX、CFD	https://www.oanda.jp/
SAXO	FX、CFD、先物、外国株式など	https://www.home.saxo/ja-jp/

なお、暗号資産取引所のBinance社も日本に対応していますが、Trading Viewではアカウントを連携することができません。

第3章

ペーパートレード（デモトレード）を行う

① 「Paper Trading」に接続する

トレードパネルで「Paper Trading」を選択して「接続」を押します。

② トレードパネルからトレードを行う

接続すると、下部のタブが「トレード」に変わるのでこちらを選択します。トレードパネルが出るのでここで取引を行えます。保有ポジションなどもここで確認できます。アカウントの横にある「設定」から「アカウントをリセット」で口座残高をリセットすることができます。また、ペーパートレードをやめる場合は、画面左下の「ペーパートレード」をクリックして「ログアウト」を押せばやめることができます。

株式スクリーナーで
条件に合った個別株を探す

個別株の中から、条件に合った株式を探すことができるのが「株式スクリーナー」の機能です。これはさまざまな条件を提示して、それに合致した銘柄だけを抽出できるというもので、PERや営業利益率といったファンダメンタル情報だけでなく、移動平均線やMACD、RSIなどのテクニカルインジケーターを条件に加えることもできるようになっています。

◎ 株式スクリーナーを表示する

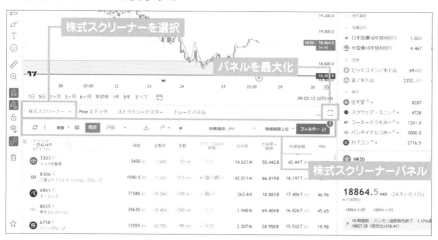

画面下部にある「株式スクリーナー」を押すと株式スクリーナーが表示されます。パネルの枠が小さい場合は「パネルを最大化」を押すと表示領域を広げることができます。

◎ 株式スクリーナーパネルの操作方法

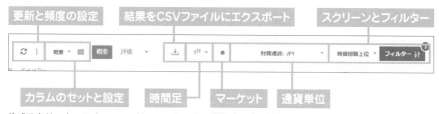

株式スクリーナーのメニューでは、マーケットの選択や、表示銘柄の並べ替えといった機能が使えます。更新は手動更新のほか、自動更新も可能です。「スクリーンとフィルター」のスクリーンの部分をクリックするとフィルター条件を保存することもできます。

◉ フィルターの使い方

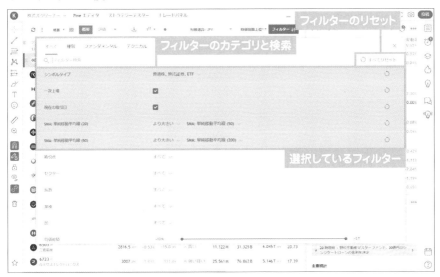

フィルターで条件を加えていくことで銘柄を絞り込むことができます。条件はカテゴリーから選ぶほか、キーワード検索で探すこともできます。

◉ フィルターの条件設定

フィルターで変更できるのは値と「未満」や「以上」などの大小関係を表す表現です。なお、値は数字だけでなく、それぞれの項目によって設定できる値が異なるものもあります。

POINT!!

テクニカルならパーフェクトオーダーなどの条件も設定できる

たとえば、移動平均線が短期＞中期＞長期と並んでいる、いわゆるパーフェクトオーダーであれば、「SMA:単純移動平均線（20）」を「より大きい」で「SMA:単純移動平均線（50）」、もう1つの条件として「SMA:単純移動平均線（50）」を「より大きい」で「SMA:単純移動平均線（100）」と設定しましょう。MACDのゴールデンクロスであればMACDレベルを「上に交差」で値を「0」とします。設定できる条件は非常に多いので、自分に合ったものを見つけていきましょう。

#10 Trading ViewのSNS機能は このようなことができる

Trading Viewではユーザーが投稿したり、あるいはユーザー同士でメッセージのやり取りをするSNS機能があります。トレードに関する自分の考えを投稿したり、あるいはほかの人の アイデアを閲覧することなどができます。また、Trading View公式からもさまざまなアイデアの投稿などもあるので、参考にしてみるのもいいかもしれません。

◎ 自分でアイデアを投稿する

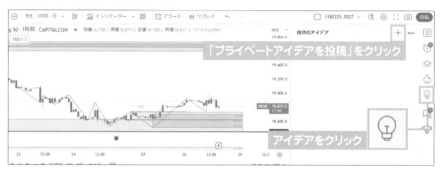

「プライベートアイデアを投稿」をクリック

アイデアをクリック

画面右側の電球のアイコンの「アイデア」を押すとアイデアの画面が開きます。ここで「＋」アイコンを押すとアイデアの投稿画面が開きます。アイデアは「公開」、または「プライベート」で投稿でき、プライベートの場合は、そのページのURLを知っている人だけが見られる状態となります。

◎ コミュニティに関するページ

ホーム画面で「コミュニティ」を選択すると、アイデアなどの、ほかの人の投稿などを閲覧できます。このうちスクリプトに関しては第4章のカスタムインジケーターとして詳しく触れています。

● トレードアイデアを閲覧する

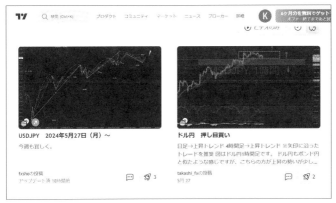

コミュニティのページから指数や日本株などのマーケットを選ぶと、ユーザーが投稿したアイデアを見られます。コメントを付けることもできます。

● 教育アイデア

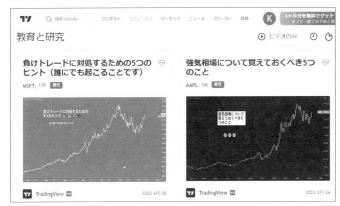

コミュニティのページの教育アイデアからは、トレンドやテクニカル分析についてのアイデアなどを見られます。

● チャット

画面右側の吹き出しのアイコンを押すとユーザー同士のリアルタイムチャットが開きます。

● 特定の相手をフォローする

投稿者のアイコンをクリックすると、そのユーザーのページに行くことができます。「フォロー」を押すと、そのユーザーからの投稿があった際に通知されるようになります。

TradingViewの便利機能

#11 覚えておきたいTrading Viewの便利な機能

Trading Viewではほかにもいくつかの機能があります。すべてを使いこなす必要はありませんが、覚えておくと便利なものもあるので、ぜひチェックしておきましょう。

◎ チャートをスクリーンショットとして保存する

「スナップショット」を押す

スナップショットボタンを押すと、メニューが開き、チャート画像を保存する方法を選択できます。

チャートが画像として保存されます。インジケーターや描画ツールなどもそのまま画像に反映されます。「リンクをコピー」を選択すれば、Trading View上の画像リンクのURLとして残すことができます。

● ホットリストで個別株の銘柄ランキングを見る

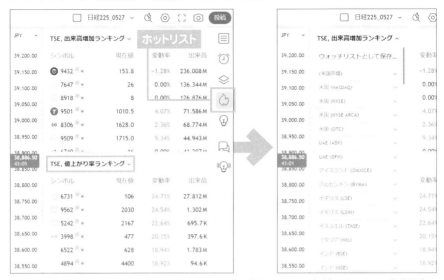

右側のメニューから「ホットリスト」を選択すると、個別株のランキングが表示されます。初期設定ではTSE（東京証券取引所）の銘柄ですが、見出し部分を押すことで海外の市場や、ランキングの種類などを変更することができるようになっています。

● クイックサーチで機能を検索する

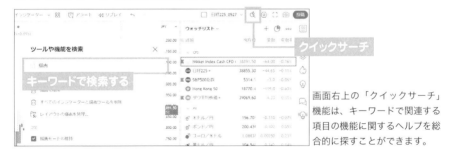

画面右上の「クイックサーチ」機能は、キーワードで関連する項目の機能に関するヘルプを総合的に探すことができます。

● ヘルプ機能を利用する

画面右下の「ヘルプセンター」を押すとヘルプ機能を利用できます。有料プランを利用している場合は「マイサポートチケット」ですぐに問い合わせの回答を得ることができます。

スマホアプリ版でもここで紹介しているほぼすべての機能を使うことができます。ただし、株式スクリーナーに関しては2024年5月25日の時点では未対応となっています。今後のアップデートで実装を予定しているとのことなので、対応を待ちましょう。

レイアウトを変更する

チャートを複数表示したい場合はチャートの「詳細」を押し、「レイアウトの選択」から変更することができます。

レイアウトの保存／読み込み

インジケーターなどの設定を保存できるレイアウト保存機能はチャートの「詳細」を押し、最下部にスクロールすると表示されます。

第3章

複数のチャートを比較表示する

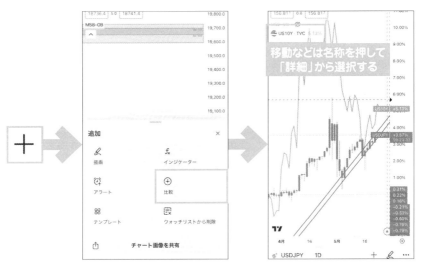

2つのチャートを比較する場合はチャート表示時の「追加」から「比較」を選択します。価格スケールを選択すると同じチャート上に表示されます。追加後にチャートの名称部分を押し、「詳細」から「移動」を押すと新規ペインとしてチャートを分けて表示することもできます。

経済指標を表示する

経済指標を表示する場合は下部の「メニュー」タブを選択し、「経済指標カレンダー」を選択します。カテゴリーや国などを選択することで必要なものだけ絞り込むことができます。

ファンダメンタルやテクニカルの情報を表示する

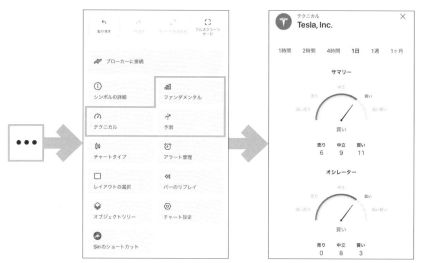

情報を見たいシンボルのチャートを開いて「詳細」を押すと「ファンダメンタル」、「テクニカル」、「予測」
という項目があり、こちらを押すと各情報を見ることができます。

アラートを作成する

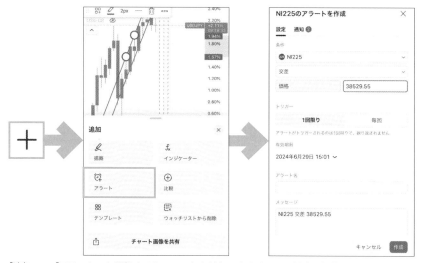

「追加」→「アラート」と選択するとアラートを追加できます。この場合は価格のみなので、インジケ
ーターや描画ツールで引いた線や図形を元にアラートを作成したい場合は次のページの方法を参考にし
ましょう。

インジケーターを元に アラートを追加する

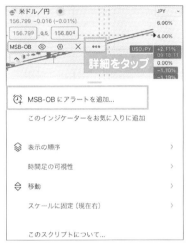

画面左上のインジケーターを選択し「詳細」をタップすると「~にアラートを追加」という項目があります。ここからインジケーターをもとにアラートを作成できます。

線や図形を元に アラートを追加する

描画した図形を選択して「詳細」をタップします。こちらも「~にアラートを追加」という項目があるので選択します。

アラートを修正・削除する

チャート画面の「詳細」→「アラート管理」と進むと、設定したアラートの一覧が表示されます。この中からアラートを個別に選択すると、「停止」、「編集」、「複製」、「削除」とメニューが出てきます。

Trading View上でトレードを行えるようにする

Trading View上でトレードを行う場合は、チャート画面左上の売買ボタンをタップします。するとブローカーの一覧が表示されます。デモトレードを行う場合はブローカー選択画面で「Paper Trading」を選択すれば売買画面を開くことができます。

投稿されたアイデアを閲覧する

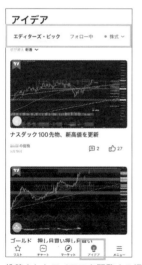

投稿されたアイデアを閲覧する場合は下部のメニューの「アイデア」タブを開くと閲覧できます。上部のメニューからカテゴリーを選択できます。

チャットやメッセージを閲覧する

公開チャットやプライベートメッセージを閲覧する場合は「メニュー」タブの「チャット」から見ることができます。

第4章

投資家たちに支持される
カスタムインジケーター60選

〜見方・使い方〜

※掲載している売買サインはインジケーター作者がTrading View上のインジケーター紹介ページで公表しているものです。
※PCのOSなどのデバイス環境やインジケーターの更新により本書で紹介する画面構成などに違いが出てくる場合があります。

#01 カスタムインジケーターは ユーザーが作ったインジケーター

　有志のユーザーが作成したインジケーターをカスタムインジケーターと言います。PINEスクリプトというプログラム言語によって作られ、内蔵インジケーターをさらに改良したものから、複数の指標を組み合わせたものまで、その数は実に12万個以上とも言われています。本章では投資家に支持される（※）など、有用なものを紹介します。

※いいね数は2024年5月25日現在

カスタムインジケーターの導入方法

インジケーターの画面から「コミュニティ」を選択し、そこから「エディターズ・ピック」や「トップ」、「急上昇」といったカテゴリから選択できます。

◎ 名前から検索する方法

インジケーターの導入は、チャート上部の「インジケーター」を選択後、検索欄に名前を入れましょう。途中まで入力すれば候補が表示されるので、すべて入力しなくても選ぶことができます。似た名前のものが複数ある場合は作者名やいいね数を参考にしましょう。

カスタムインジケーターを使いこなすコツ

① 設定をチェックする

　カスタムインジケーターは、ユーザーが使いやすいように設定を変えるのが前提になっています。インジケーターを導入したら、設定をチェックしましょう。「パラメーター」は計算式の数値を変更することができ、「スタイル」は視覚に関する項目です。色を変えたり、表示のオン/オフを切り替えられます。

② アラートを活用する

　カスタムインジケーターの中には、独自の売買サインを教えてくれるものもありますが、それを活用するのがアラートです。91ページでも紹介していますが、音以外に、メールやスマホにプッシュ通知を出すこともできます。

③ 必要に応じてダークモードに切り替える

　TradingViewでは全体が黒を基調としたダークモードで使う人が多い傾向にあります。そのため、カスタムインジケーターの中にはラインの色として白色が使われているものがあります。背景が白色だと同化して見えなくなることがあるので、必要に応じてダークモードも使いましょう。

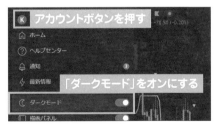

スーパーチャート、ホーム画面いずれからでもアカウントボタンから変更できますが、ダークモードのスイッチの名称が異なります。

#02 2つの指標で相場の動き出しを見極める

　ボリンジャーバンドの収縮（スクイーズ）を見極め、そこからの開放（エクスパンション）をグラフ化したインジケーターです。ボリンジャーバンドとケルトナーチャネルのバンド幅の差を計算し、トレンドの発生を見つけ出します。

名称 ◯ **Squeeze Momentum Indicator**

オシレーター系

作者 ◉ LazyBear　　　　　　いいね数 ◉ 87881

◎ **急激な変化を捉えられる!**

ボリンジャーバンドの収束と拡散をより視覚的に捉えられるようになっています。

中央の線「0.0」より上が上昇の勢い、下が下落の勢いです。また、中央の線上にある「+」マークの色が黒いと売買の勢いが拮抗している状態、灰色だと勢いが一方的であることを意味します。

売買タイミング

① 黒い+から灰色の+に変化したときにエントリー

② メモリが赤から緑（緑から赤）に変わったときに買い（売り）のエントリー

③ 価格とメモリでダイバージェンスが発生したときに逆張り

用語解説　ケルトナーチャネル　EMA（指数平滑移動平均線）を中間線として、そこにATR（値幅平均値）を計算に入れて上下をバンド状にしたもの。

#03 チャートとは異なる 時間スケールのMACDを表示

MACDはトレンドを分析するのに便利ですが、5分足など短い時間足だとトレンドの全体像が掴めないという欠点があります。このインジケーターはチャートの時間軸とは別の時間軸を固定させたMACDを表示できます。

名称 ◉ **MacD Custom Indicator-Multiple Time Frame**

作者 ◉ ChrisMoody　　　　　　いいね数 ◉ 63248

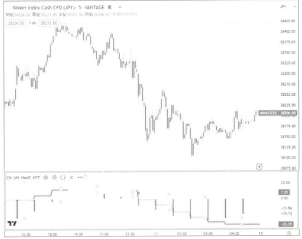

◉ **好みの時間 スケールを選べる**

表示する時間軸は設定で変更できるので、自分のトレードに合った時間軸で固定できます。

チャートの5分足に対して、別の時間軸を表示させることで、大きな流れを掴みつつ、短期的な反発に惑わされにくくなります。

設定方法

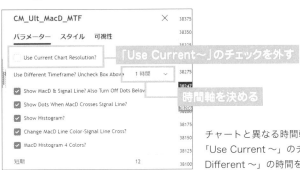

「Use Current〜」のチェックを外す

時間軸を決める

チャートと異なる時間軸を表示したい場合は、設定で「Use Current〜」のチェックを外し、その下の「Use Different〜」の時間を設定する。

投資家たちに支持されるカスタムインジケーター60選

市場の底値を発見する
インジケーター

CM_Williams_Vix_Fix Finds Market Bottomsは、反発しそうな底値を探るインジケーターです。下落傾向になると数値が上がっていき、バーが灰色から緑色に変化することで、反転のサインがわかります。

名称 CM_Williams_Vix_Fix Finds Market Bottoms

作者 ChrisMoody

いいね数 51821

オシレーター系

ダイバージェンスに注目しよう

価格が下落しているのにバーが下がっているダイバージェンスが出るとさらに精度が上がります。

下落するとバーの値が上がり、上昇すると逆に下がっていきます。緑色が出ると反発しそうなサインとなります。

使い方の例

別の使い方として緑色のバーが強く出た価格に水平線を引くと、サポート/レジスタンスラインとして見ることができます。

用語解説
ダイバージェンス オシレーター系のテクニカル指標が、実際の相場とは逆方向に向かって動いている状態。逆行現象ともいう。トレンド転換が起こりやすいと言われている。

#05 相場の過熱感の状態を見極める定番インジケーター

WaveTrend Oscillatorは買われすぎ／売られすぎの状態を示す投資家の間では定番のインジケーターです。上部に赤色の水平線、下部に緑色の水平線があり、このラインを越えると、相場が買われすぎ／売られすぎを示します。

名称 ● Indicator:WaveTrend Oscillator[WT]　 オシレーター系

作者 ● LazyBear　　　　　　　　　　**いいね数** ● 48002

● 実線と点線に注目しよう

オシレータの画面内に移動平均線で計算された2本の線があります。こちらが交差したタイミングが売買エントリーのポイントになります。

135ページで、別のユーザーが作成した改良版も紹介しているので参考にしてください。

売買タイミング

①　下位圏で実線が点線を上に抜けたら買いのエントリー

②　上位圏で実線が点線を下に抜けたら売りのエントリー

投資家たちに支持されるカスタムインジケーター60選

111

66ページで紹介している内蔵版のスーパートレンドと見方は同じですが、こちらは売買サインが表示されるのと、価格を取る値を高値／安値の平均ではなく、別の値にするなど、計算式を変えられます。

名称 ○ **SuperTrend**

トレンド系

作者 ◎ KivancOzbilgic いいね数 ◎ **42843**

◎ 売買サインが 表示される

トレンドの転換が示されるとチャート上に「Buy」、「Sell」のサインが表示されます。

実線がローソク足より下側に来たら上昇トレンド、上側に来たら下降トレンドを意味します。

設定方法

時間軸を変更できる

基準価格を変えられる

チャートと異なる時間軸を設定することもできます。その場合は「Indicator Timeframe」で時間軸を設定します。また、「ソース」から基準とする価格を変えることも可能です。

#07 機関投資家の動向を読み取る スマートマネーコンセプト

スマートマネーとは、市場に大きな影響を与える機関投資家を指します。このインジケーターは、機関投資家の注文動向からの流動性をチャートで読み解くものとなっています。

名称 ○ **Smart Money Concepts(SMC) [LuxAlgo]**

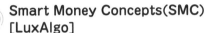
作者 ● LuxAlgo　　　　いいね数 ◎ 40050

○ 海外では特に 人気の手法

海外トレーダーの間では2023年ごろから流行し始めました。スマートマネーコンセプトに関しては、非常に複雑なのですべては解説しきれませんので、ここでは簡易的な見方を紹介します。

「CHoCH」、「BOS」など、直近の高値／安値からの水平線の指標のみが表示されます。

スマートマネーコンセプトの解説

スマートマネーコンセプトの考案者はトレード歴30年というイギリスのICT（本名：マイケル・J・ハドルストン）というトレーダーです。本人のYouTubeチャンネルは登録者120万人と人気で、スマートマネーコンセプトについて解説をしています。

投資家たちに支持されるカスタムインジケーター60選

#08 トレンドを把握しやすい ADX and DI

3本の線を表示したオシレーター系インジケーターですが、トレンドの有無を測るのに使われています。買いの強さを表す＋DI、売りの強さを表す－DI、トレンドの有無と強さを表すADXの3本が表示されます。

名称 ● ADX and DI

トレンド系

作者 ● BeikabuOyaji　　　　　　　いいね数 ● 39211

◎ ADXラインに注目しよう

ADXラインはトレンドの強弱を示すものです。上昇や下落などトレンドの向きに関わらず、トレンドが強いか弱いかでラインは上下します。

初期設定では緑が＋DI、赤が－DI、青がADXを表しています。

売買タイミング

① ＋DIが－DIの上にあってADXが上昇しているなら買いのエントリー

② －DIが＋DIの上にあってADXが上昇しているなら売りのエントリー

第4章

114

#09 ハル移動平均線を表示する インジケーター

2本の加重移動平均線を使って計算したハル移動平均線を表示するインジケーターです。上昇トレンドは緑、下降トレンドは赤と色分けされており、見やすくなっているのも特徴です。

名称 ◯ **CM_Ultimate_MA_MTF_V2**　　　トレンド系

作者 ◉ ChrisMoody　　　　　　　　　　いいね数 ◉ **34045**

◉ **移動平均線よりもなだらかになる**

移動平均線に比べるとラインの動きはなだらかになるため、短期的な値動きに左右されづらいのが特徴です。

ラインの色が変わったところをエントリーポイントとするのが一般的です。

設定方法

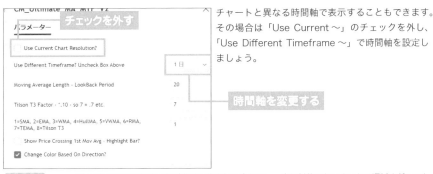

チェックを外す

時間軸を変更する

チャートと異なる時間軸で表示することもできます。その場合は「Use Current 〜」のチェックを外し、「Use Different Timeframe 〜」で時間軸を設定しましょう。

用語解説
ハル移動平均線　直近の値動きを重視する加重移動平均を組み合わせ、一定の係数でならすことで遅延やダマシを少なくした移動平均線。オーストラリアのアラン・ハルが開発した。

#10 ボリンジャーバンド+RSIで判断するストラテジー

RSIとボリンジャーバンドの組み合わせで売買判断を決めるストラテジーです。初期設定では取引条件がかなり厳しくなっているため、ストラテジーテスターでも取引回数は極端に少ないですが、勝率は高くなっています。

名称 Bollinger + RSI, Double Strategy (by ChartArt) v1.1

ストラテジー

作者 ChartArt　　　　　　　　**いいね数** 33440

○ ストラテジーテスターを確認

売買判断サインを見極めるストラテジーなので、ストラテジーテスターで勝率や利益を確認してみましょう。取引回数は極端に少ないですが、勝率は非常に高いのが特徴です。

チャート上に指標として表示されるのはボリンジャーバンドのみとなっています。

売買タイミング

① RSIが売られすぎの水準から上に抜け、同時に終値がボリンジャーバンドのロワーバンドを上に抜けたら買いのエントリー

② RSIが買われすぎの水準から下に抜け、同時に終値がボリンジャーバンドのアッパーバンドを下に抜けたら売りのエントリー

初期設定ではパラメーターの「RSI Period Length」が6、「Bollinger Period Length」が200となっています。数値を下げるとストラテジーテスターでの取引回数は増えています。

#11 1つのインジケーターで7つの 移動平均線を切り替えられる

115ページで紹介している「CM_ Ultimate_MA_MTF_V2」と色分けや 機能が似ていますが、こちらはSMAや EMAなど7種類の移動平均線の中から 切り替えをすることができるのが特徴 です。

名称 ● Ultimate Moving Average-Multi-TimeFrame-7 MA Types

作者 ● ChrisMoody

いいね数 ● 31734

トレンド系

● **移動平均線を切り替え可能**

ラインの切り替え以外に移動平均線の期間や表示できる本数も変更することもできるので、多様な分析に役立たせることができます。

上昇トレンドでは緑色、下降トレンドでは赤色と色が変わる機能もCM_Ultimate_MA_MTF_V2と同じです。

設定方法

Moving Average Length - LookBack Period	20
1=SMA, 2=EMA, 3=WMA, 4=HullMA, 5=VWMA, 6=RMA, 7=TEMA	1
☑ Change Color Based On Direction?	
Color Smoothing - 1 = No Smoothing	2
Optional 2nd Moving Average	
Moving Average Length - Optional 2nd MA	50
1=SMA, 2=EMA, 3=WMA, 4=HullMA, 5=VWMA, 6=RMA, 7=TEMA	1
☑ Change Color Based On Direction 2nd MA?	

「Moving～」で期間を変える

「1=SMA～」で線の種類を変える

2本目の移動平均線の表示

設定のパラメーターの「1=SMA ～」で移動平均線を切り替えられます。1=単純移動平均線、2=指数移動平均線、3=加重移動平均線、4=ハル移動平均線、5=出来高加重移動平均線、6=修正移動平均線、7=3重指数移動平均線となっています。

投資家たちに支持されるカスタムインジケーター60選

117

#12 YouTuberが作った スキャルピング用インジケーター

チャンネル登録者数89万人のThe Moving Average氏が作ったインジケーターです。4本の移動平均線からトレンドを調べ、色分けすることで視覚的に売買サインがわかるインジケーターです。

名称 ◯ TMA Overlay

作者 ◯ ArtyFXC　　　　　　　**いいね数** ◯ 29595

◯ 背景の色分けも 可能

設定でマーケット時間（※）や曜日を指定することで、特定の時間帯の動きに集中して見ることもできます。
※国内株式銘柄など一部のマーケットでは非対応です。

なお、初期設定では21日移動平均線が白色になっており、全体をダークモードにするか、線の色を変えるなどしましょう。また、マーケット時間や曜日によって表示の有無を変えることもできます。

使い方の例

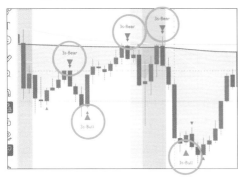

上昇トレンドでは緑、下降トレントでは赤が表示されます。基本的にはスキャルピング向きのインジケーターになっています。売買サインはローソク足の形で表示され、「3s」というのは3Line Strikesの略でローソク足が3本陰線が表示されたあとの陽線（もしくはその逆）で逆張りのサインになっています。

#13 スイングハイとスイングローが 一目でわかるインジケーター

高値や安値を感覚的に定義するのではなく、一貫性を持たせたスイングハイとスイングローを自動的に表示するインジケーターです。上昇・下降のローソク足が一定数連続する場所から検出してくれます。

名称 Swing high low support & resistance トレンド系

作者 Patternsmart **いいね数** 28279

ローソクの本数を変更できる

デフォルトではハイ・ローともにローソク5本で判定されます。本数は「設定」画面から高値と安値でそれぞれ変更できます。

デフォルトの設定では、スイングハイは赤で、ローは水色で表示されます。

スイングハイとスイングロー

高値の左右に、それよりも低い位置のローソク足が一定数以上（デフォルトでは5本以上）あれば、スイングハイと定義できる高値です。逆に安値の左右にそれより高い位置のローソクがあれば、スイングローで定義できる安値です。

投資家たちに支持されるカスタムインジケーター60選

119

フィボナッチ比率で組んだ ボリンジャーバンド

フィボナッチ比率を中央の200日移動平均線を中心にバンド状にしたもので、平均からの偏差分を加味して表示しています。線のいずれかをクリックすると、一定間隔で、23.6％、38.2％、50％、76.4％で印が表示されます。

名称 Fibonacci Bollinger Bands

作者 Rashad　　　　　　　**いいね数** 28042

バンドの幅は 広がりやすい

通常のボリンジャーバンドより、値動きの予測幅は極端に広くなります。

移動平均線と標準偏差で構成する一般のボリンジャーバンドの代わりに、フィボナッチ比率を利用したバンドで、値動きの幅を予測するインジケーターです。

設定方法

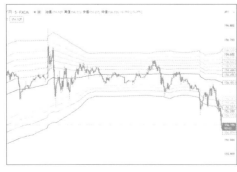

移動平均線の平均の取得対象や、偏差の度合いを変更することができます。また、初期設定では、上下1のパラメータ以外のラインは白で表示されています。ダークモードにするか、ラインの色を変えることで可視化することができます。

#15 ローソク足のパターンを名前付きで示すインジケーター

チャートのローソク足は、並び方によって、売買のヒントとなるパターンがあり、名前が付けられています。このインジケーターは、ローソク足のチャートからパターンを見つけ出してくれます。

名称  Candlestick Patterns Identified

トレンド系

作者 ● repo32　　　　　　　　　**いいね数** ● 25879

◉ 英語表記なのでなじみが無いものも

「Doji（同時線）」や「Bullish Harami（陽のはらみ線）」など一部日本語が使われているものもありますが、種類が多く、あまり聞きなれないものも多くあります。

Bullish（強気）のパターンは緑、Bearish（弱気）のパターンは赤で表示されます。

ローソク足のパターンの名前をチェックする

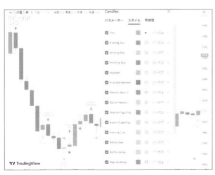

チャートでは多様なパターンが表示されるため、かえって見づらい状態になりがちです。インジケーターの「設定」から、どのような名前のパターンが表示されるかが分かります。チェックボックスで不要なものを外せるようになっているので、特に重視しているものだけにチェックを入れるといいでしょう。

投資家たちに支持されるカスタムインジケーター60選

121

#16 移動平均線をリボンのように 表示するインジケーター

移動平均線を5〜90まで5刻みで表示するインジケーターです。外側の2本は太くなっており、バンド状に表示されます。ローソク足が移動平均線に対してどの位置にあるかによって色が緑色と赤色に変化します。

名称 ◉ Madrid Moving Average Ribbon

 トレンド系

作者 ◉ Madrid　　　　　　　　　**いいね数** ◉ 25530

◉ トレンドが 視覚的にわかる

外側の90日移動平均線を上回っていると緑色になります。ねじれが解消し、5日〜90日まですべてが順番に並ぶパーフェクトオーダーが発生すると黄緑色になります。

トレンドが反転するとリボンがねじれ現象を起こし、色が変化していきます。

リボンの密度にも注目する

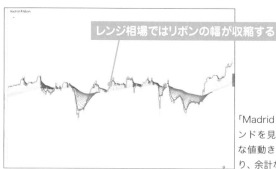

レンジ相場ではリボンの幅が収縮する

「Madrid Moving Average Ribbon」はトレンドを見るためのものですが、たとえば小幅な値動きのレンジ相場ではリボンの幅が狭まり、余計なエントリーをしない判断ができます。

第4章

#17 2つの方法でトレンドを推し測る 独自のカスタムインジケーター

トレンドの強さを測るADX（平均方向性指数）をベースに改良したインジケーターです。市場のボラティリティと価格動向からトレンドを測り、それを移動平均線の色で売買タイミングを表示します。

名称 **CM Sling Shot System**

作者 ChrisMoody　　　いいね数 25379

売買のタイミングを表示してくれる

矢印で売買のエントリー位置を示してくれます。売買サインを見極めてエントリーしましょう。

チャートの上下に三角形があり、トレンドを示しています。このままでは見やすいとは言えないので「スタイル」の「Conservative ～」の位置を「上下」から変えましょう。それ以外にも、表示が小さいため、チャートは拡大して使用することをお勧めします。

売買タイミング

①　2本の移動平均線が緑色でローソク足が移動平均線を上に抜けて買いサインがでたらエントリー

②　2本の移動平均線が赤色でローソク足が移動平均線を下に抜けて買いサインがでたらエントリー

プライスアクションの売買
シグナル検出インジケーター

プライスアクションはローソク足の
パターンから相場に参加しているトレ
ーダーの心理を読み取り、自分に有利

な売買のシグナルを特定する手法です。
そのシグナルを検出してくれるインジ
ケーターです。

名称 ◯ **CM_Price-Action-Bars-Price
Patterns That Work!**

トレンド系

作者 ◉ ChrisMoody　　　　　　いいね数 ◉ **23604**

ローソク足の色が変わる

◉ **表示するパターン
は5種類**

プライスアクションで重視さ
れるパターンはいくつかあり
ますが、基本的な5種類が表示
されます。

ローソク足のパターンが見い
だせるようになると、価格の
クセを把握できるようになる
とされています。

検出できるシグナル

PBars Look Back Period To Define The Trend of Highs and Lows	6
Percentage Input For Shaved Bars, Percent of Range it Has To Close On The Lows or Highs	5
☑ Show Pin Bars?	
☑ Show Shaved Bars?	
☑ Show Inside Bars?	
☑ Show Outside Bars?	
☑ Check Box To Turn Bars Gray?	

デフォ... ∨　　　　　　キャンセ

このインジケーターでは、ピンバー（Pin Bar）、含
み線（Inside Bar）、はらみ足（Outside Bar）、大
引け坊主（Shaved Bar）が検出できます。含み足
（黄）やはらみ足（オレンジ）はブレイクアウトの
予兆、ピンバーは反転パターンです。大引け坊主は、
陰（紫）なら売り、陽（水色）なら買いの勢いが強
いことを示しています。
※デフォルトではこれらにチェックは入っていませ
ん。

第4章

ピボットポイントを簡単に表示してくれるインジケーター

ピボットポイントは、価格が反転する可能性がある価格帯がどこであるかを知るための分析方法で、主に短期トレードで使用されます。このインジケーターはその価格帯を自動で検出、点線で表示します。

名称 ⦿ **CM_Pivot Points_M-W-D-4H-1h_ Filtered**

トレンド系

作者 ⦿ Chrismoody　　　　いいね数 ⦿ 22499

⦿ 週・日・時間ごとの ピボットを表示

ピボットポイントは基準線を中心として、上にR1 ～ R3、下にS1 ～ S3までのラインが引かれます。

ピボットは1時間、4時間、日、月、年の平均をそれぞれ表示することができます（「設定」画面で調整）。

使い方の例

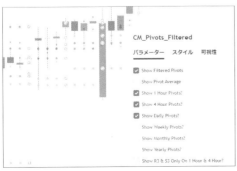

一般的な使い方はR1近辺で価格が反転し出したら売り、S1近辺で反転し出したら買いと言われています。銘柄の動きによっても変わってくるので、過去のチャートで見比べてみましょう。

投資家たちに支持されるカスタムインジケーター60選

125

#20 短期取引に使える新しいRSIを表示するインジケーター

　短期売買で有名な投資家のラリー・コナーズ氏がRSIをもとに開発した「RSI-2」をインジケーター化したものです。買われ過ぎと売られ過ぎを確認することができます。

名称 CM RSI-2 Strategy Lower Indicator　　オシレーター系

作者 ◉ ChrisMoody　　　　　　　　　いいね数 ◉ 21793

◉ 日足で使用する インジケーター

インジケーター自体は日足で使うことが推奨されていますが、平均取引期間は2日間と短期売買が中心とのことです。

通常のRSIよりも値が極端で、10より下で買い、90より上で売りを狙っていきます。

もう1つのインジケーターとの併用を推奨

こちらは、同じくChrisMoody氏によって作られた「CM RSI-2 Strategy - Upper Indicators.」と組み合わせて使うことを想定されています。「Upper Indicators」ではチャート上に5日と200日の移動平均線表示され、緑が買い、赤が売り、黄色が決済を推奨するサインになります。

第4章

#21 異なる時間軸で ストキャスティクスを表示する

　一定期間の変動幅と終値の関係から、「売られすぎ」や「買われすぎ」を示すストキャスティクスを同時に複数の時間枠で表示できます。上下の値でクロスしたときに背景をハイライト表示してくれる機能があります。

名称 ◉ **CM Stochastic Multi-TimeFrame**

作者 ◉ Chrismoody　　　　　　　　いいね数 ◉ 21109

◉ 背景の色分けも可能

チャートは％K（Fast）と％D（Slow）の2本の線で表され、数値は0％から100％で推移します。より重要とされているのは％D（赤）ラインです。

％Kが％Dより上位で上から下にクロスした場合は売りシグナル、下位で下から上にクロスした場合には買いシグナルとして縦の帯の色で知らせてくれます。

設定方法

SmoothK for Main Stochastic	3
SmoothD for Main Stochastic	3
Upper Line Value?	80
Lower Line Value?	20

☑ Show Mid Line?

　Show Back Ground Highlights When Stoch is Above/Below High/Low Lines?

☑ Show Back Ground Highlights When Stoch Cross - Strict Criteria - K Greater/LesThan High/Low Line - Crosses D ?

☑ Show 'B' and 'S' Letters When Stoch Crosses High/Low Line & D?

買われすぎや売られすぎを判断するラインをどの値に置くか変更できます。また、％Kや％Dがラインを突破した場合に通知するかどうかも設定可能です。また、このインジケーターのデフォルトの時間軸は1時間足になっています。パラメータから変更することができます。

#22 MACDと移動平均線を使った王道手法のストラテジー

　12日、26日、200日のSMA（単純移動平均線）とMACD（移動平均収束拡散）という王道の指標を組み合わせたストラテジーです。パーフェクトオーダーとゴールデンクロスが重なったタイミングでエントリーします。

名称 ◎ **MACD + SMA 200 Strategy (by ChartArt)**

ストラテジー

作者 ◎ **ChartArt**　　　　　　いいね数 ◎ **20893**

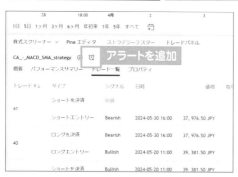

◎ パーフェクトオーダーとゴールデンクロス

移動平均線が短期＞中期＞長期と並ぶことをパーフェクトオーダーといいます（逆の場合は逆パーフェクトオーダー）。MACDは短期の移動平均線が中長期の移動平均線を抜けることをゴールデンクロス（逆の場合はデッドクロス）といいます。

※200日移動平均線は太い線で描かれています。

アラート機能を活用しよう

ストラテジーテスターの結果はどれも今一つです。ストラテジーテスターでは常に買いか売りどちらかのポジションを保有し続けるため、たとえば、1度買いのポジションを持つと決済されるのはそのあとに逆パーフェクトオーダーが出た売りのタイミングになってしまい、利益確定のタイミングを逸しているためです。1時間足だと月に1〜2回しかサインが出ないので、アラート機能だけを使い、利益確定は自分で行うようにするといいでしょう。

第4章

128

#23 サポート／レジスタンスラインを 自動で引くインジケーター

直近の高値／安値に自動で水平ラインを引き、サポート／レジスタンスラインとするインジケーターです。ライン引くローソク足の数を指定できるほか、ブレイクしたときに売買サインも出ます。

名称 Support and Resistance Levels with Breaks [LuxAlgo]

作者 LuxAlgo **いいね数** 20554

ブレイク時には 売買サインも出る

直近のスイングハイ／ローに水平線を引き、ブレイクするとサインが表示されます。

ブレイク時のサインだけでなく、高値／安値が切りあがっている／切り下がっているということもわかりやすくなっています。

設定方法

「Left Bars」は過去何本分までのローソク足に線を引くか、「Right Bars」はそこから何本分までスイングロー／ハイだと判断するかを決めます。「Right Bars」の値を増やせば水平ラインを伸ばすこともできます。

さまざまな指標のダイバージェンスを見つけるインジケーター

MACD、RSI、ストキャスティクスなど定番の指標からCCI（商品チャネル指数）、OBV（オンバランスボリューム）といった指標まで、さまざまな指標で現れているダイバージェンスを表示するインジケーターです。

名称 Divergence for Many Indicators v4  **トレンド系**

作者 LonesomeTheBlue **いいね数** 19616

ダイバージェンスを見つけよう

ダイバージェンスとは、たとえば下降トレンド時に、価格は下落しているときにオシレーターで上がっているなどの逆行現象のことです。トレンド転換などのサインとして使われます。

ダイバージェンスは細かい意味がわからなくても同時に発生している指標の数が表示されるので、それを参考にすることができます。

設定で表示する数を調整できる

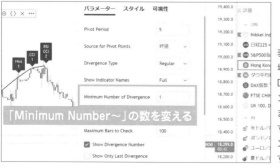

「Minimum Number〜」の数を変える

表示しているサインが多すぎる場合は、「Minimum Number of Divergence」の数を上げるとサインとして表示する発生数を変更できます。初期設定では1ですが、3にすれば3つ以上同時にダイバージェンスが発生した場合のみ表示されます。

第4章

#25 トレンドラインを自動でひく インジケーター

直近の高値／安値を結んだトレンドラインを表示するインジケーターです。直近のトレンドラインについては破線で表示されるので、三角保ち合いの状態を見極めるなどの使い方もできます。

名称 ● Trendlines with Breaks [LuxAlgo]  トレンド系

作者 ● LuxAlgo　　　　　　　　　いいね数 ● 19489

◉ ブレイクしたところでサインが出る

トレンドラインをブレイクすると「B（Break）」というサインが出ます。上に抜けると緑色、下に抜けると赤色で表示されます。

すべてのブレイクポイントが参考になるわけではありません。ほかのインジケーターなどと組み合わせて使うといいでしょう。

使い方の例

反対方向へのブレイクで決済

ブレイクでエントリー

ブレイクでエントリー

トレンドラインは主に2つの使い方があります。1つはブレイクしたところでエントリーをする方法、もう1つは利益が出ているところで反対方向にブレイクしたときに利益確定のポイントとして使う方法です。

#26 出来高をもとに過熱感を見極めるインジケーター

出来高に基づいて値動きを予測するOBV（オンバランスボリューム）を改良して作られたインジケーターです。

OBVと異なり、ゼロラインがあり、上抜け、下抜けで今後の値動きを判断します。

名称 ● Volume Flow Indicator [LazyBear]

出来高系

作者 ● LazyBear　　　　　　　　　**いいね数** ● 19235

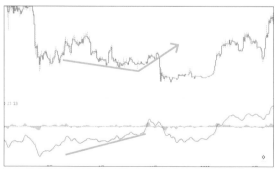

● 出来高が表示されない銘柄には使えない

一部の株価指数など、出来高が表示されないシンボルについてはインジケーターが表示されないので注意しましょう。

緑色の線が「Volume Flow Indicator」の値で、オレンジの線が移動平均線になります。

使い方の例

インジケーターの作者であるLazyBear氏が「最も強いシグナルは、もちろんダイバージェンスです」と語っているように、実際の値動きと「Volume Flow Indicator」のダイバージェンスを探すのも1つの手段です。

第4章

132

#27 異なる時間軸のRSIを 2つ表示する

チャートとは違う時間軸のRSIを表示するインジケーターです。また、同じ画面に2つのRSIを表示することもでき るので、常にRSIをチェックしたい場合に重宝します。

名称 ◎ **CM_Ultimate RSI Multi Time Frame**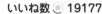

作者 ◎ ChrisMoody 　　　　　　　　　いいね数 ◎ 19177

◎ RSIを使うなら オススメ

内蔵インジケーターのRSIに比べると、こちらのインジケーターはMTFへの対応はもちろん、2本目のRSIの設置など多機能になっています。

初期設定では線が太く、背景の色なども見づらい部分があります。使いやすいように設定を変更しましょう。

設定方法

☑ Show 'B' and 'S' Letters When RSI Crosses High/Low Line?

☑ Use Current Chart Resolution?

Use Different Timeframe? Uncheck Box Above 　　1 時間 ∨

☑ Show 2nd RSI?

Use 2nd RSI? Check Box Above 　　1 日 ∨

2本目のRSIを表示する Timeframe?

「Show 2nd RSI?」にチェックを入れると2本目のRSIが表示されます。時間軸を選んで表示させましょう。異なる時間軸のRSIを表示する場合はその上の「Use Current 〜」のチェックを外して、時間軸を選択します。

#28 ピボットポイントを基に作られた スーパートレンド

前日の高値・安値・終値から導き出したピボットポイントを平均化し、それをATRによって高/低バンドを作成することで、スーパートレンドのようにしたインジケーターです。ぜひ内蔵のスーパートレンドと比べてみましょう。

名称 ● Pivot Point Supertrend

トレンド系

作者 ◉ LonesomeTheBlue　　　　　**いいね数** ◉ 18660

◎ アラートの設定を活用しよう

「Pivot Point Supertrend」のアラートは下降トレンドから上昇トレンド、上昇トレンドから下降トレンド、トレンド転換の3種類からアラートを設定することができます。

Pivotによる計算やプロットの見せ方などスーパートレンドと違いがあるので入れない方がよいかもです。売買サインが出るようになっています。

スーパートレンドとの違い

内蔵版スーパートレンド

Pivot Point Supertrend

内蔵版のスーパートレンドと比べると、「Pivot Point Supertrend」の方が幅が広く、ダマシに反応しづらいというメリットがあります。その一方、利益確定に使おうとするとタイミングが遅れるというデメリットもあります。

用語解説
ATR　アベレージ・トゥルー・レンジ。「当日の高値安値」、「当日の高値と前日終値」「当日安値と前日終値」の3つ価格差から変動率（ボラティリティ）を示す指標のこと。

売買ポイントが見つけやすい
改良版WaveTrend

110ページでも紹介しているインジケーター開発の名手であるLazyBear氏によって作られた「WaveTrend Oscillator」の改良版です。短期線と線が交差したタイミングなどで、売買ポイントがわかりやすくなっています。

名称 ◯ **WaveTrend with Crosses [LazyBear]**

作者 ◉ lonestar108　　　　いいね数 ◉ 18414

オシレーター系

● ポイントが より明確になった

WaveTrend Oscillatorと比べると、2本の線がより見やすくなり、交差したところで印が付きます。

線が交差したポイントではローソク足の色も変化します。

WaveTrend Oscillatorとの違い

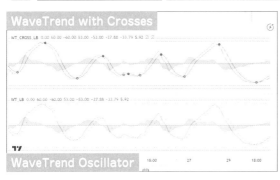

「WaveTrend with Crosses」が上のもの、「WaveTrend Oscillator」が下になります。計算式が同じなので、動きはまったく同じですが、とても見やすくなっています。

#30 価格のブレイクアウトを わかりやすく発見する

　過去の価格の動きから、ブレイクアウトと言えるポイントを示すインジケーターです。同じ価格帯に過去に2回到達し、3回目でブレイクアウトしたときに表示されるのがポイントとなっています。

名称 ◉ Breakout Finder

作者 ◉ LonesomeTheBlue　　　　　いいね数 ◉ 18422

◉ **ブレイクアウトすると 印が表示される**

ブレイクアウトすると矢印が表示されます。アラートを設定しておくことも可能です。

見た目はとてもシンプルなので、ほかのインジケーターと併用してもあまり邪魔になりません。

設定方法

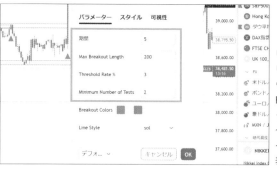

「期間」はピボットポイントの検索、「Max Breakout ～」はブレイクアウトを検索する足の数、「Threshold Rate%」はブレイクアウト領域のチャネル幅です。「Minimum Number ～」は何回価格に到達してからブレイクアウトしたときに印を出すかを表しています。

#31 オシレーター系を組み合わせた 多目的インジケーター

RSI、ストキャスティクス、マネーフローインデックスといったオシレーター系を組み合わせ、さらにダイバージェンスの発生を表示します。すべて同じ画面に表示されるので設定でわかりやすいように変えましょう。

名称 ◯ **VuManChu Cipher B + Divergences**　　オシレーター系

作者 ◯ vumanchu　　　　　　　いいね数 ◯ 17764

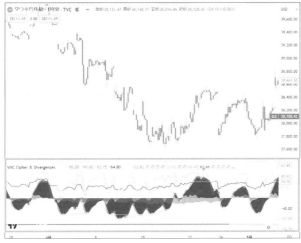

● **オシレーターを 取捨選択しよう**

初期設定でも表示されるオシレータが多すぎるので、「設定」から、いったん非表示にしてから、慣れてきたら追加していくといいでしょう。

ダイバージェンスが発生すると、オシレーター画面上にオシレーターごとのラインやポイントが表示されます。

設定方法

設定も膨大で、RSI、ストキャスティクスなど、それぞれを細かく設定可能です。表示が多すぎる場合はパラメーターの「Show 〜」のチェックボックスを外すと、その指標が表示されなくなります。

用語解説
マネーフローインデックス（MFI）　価格の変動幅と出来高から市場が売られすぎ買われすぎか相場の勢いを測るオシレーター。

投資家たちに支持されるカスタムインジケーター60選

出来高をまとめてウェーブ状に表示するインジケーター

買いと売りの蓄積である出来高を勢いとして波のように表示するインジケーターです。もともとは別のプラットフォームのインジケーターだったものをLazyBear氏がTradingViewでも使えるようにしたものです。

名称 ○ **Indicator: Weis Wave Volume [LazyBear]**

作者 ◉ LazyBear　　　　　　　　　いいね数 ◉ 17311

◉ ダイバージェンスに注目しよう

価格は上がっている／下がっているのに波が小さくなっている場合は、その後反転しやすい傾向にあります。

モノクロではわかりづらいですが、買いの勢いが強いと緑、売りの勢いが強いと赤として、その大きさで蓄積がわかりやすくなっています。

通常の出来高と比べてみよう

内蔵インジケーターの出来高と比較すると、必ずしもそのときの出来高とは高さが一致していないことがわかります。それまでの買いか売りの蓄積的な動きに反応して波は高くなっていきます。

#33 回帰手法を使って 反転ポイントを探す

回帰手法の1つであるNadaraya-Watson推定を使って元に戻ろうとする反転ポイントを探します。ボリンジャーバンドのようなバンドを形成しますが、計算式が異なるため、まったく異なるバンドを形成します。

名称 ● Nadaraya-Watson Envelope [LuxAlgo]

作者 ● LuxAlgo

いいね数 ● 17273

● バンドの飛び出しの反転を狙う

バンドから抜けると三角形のサインが表示され、そこからの反転を狙います。

ビットコインのように値動きが極端な場合、ボリンジャーバンドはあまり効果的ではないのですが、このインジケーターでは反転ポイントを表示して見つけやすくします。

ボリンジャーバンドとの違い

Nadaraya-Watson Envelope

ボリンジャーバンド

値動きが少ない場合でも、ボリンジャーバンドのようにバンドの収縮というものは起きず、ほぼ一定の幅を保ったまま進みます。

用語解説
回帰手法 回帰トレンドとも。統計学で使われる回帰直線（線形回帰）や最小二乗直線を用いてチャートのトレンドを分析する手法。

#34 横ばい相場にも強い トレンド系インジケーター

モメンタムをMFIとRSIで計測し、ボラティリティをATRで計測することで、トレンドの発生、ストップロスや利益確定のポイントを表示します。2本の線間は上昇トレンド中には緑、下降トレンド中は赤で表示されます。

名称 ◯ AlphaTrend

トレンド系

作者 ◉ KiviabcOzbilgic　　　　　　　いいね数 ◉ 17191

◉ 進化した
インジケーター

この「AlphaTrend」は、「Trend Magic」というインジケーターを、横ばいの相場のときに誤ったサインがでにくくなるよう改良されています。

横ばいの相場では、2本の線が水平になり、余計なサインは表示されません。その後、ラインの上抜けが確定するとBUYやSELLのサインが出ます。

使い方の例

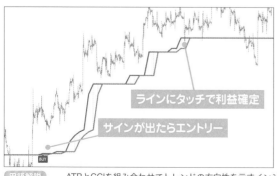

ラインにタッチで利益確定

サインが出たらエントリー

左の図は1時間足のローソク足に対して、日足のAlphaTrendを表示したものです。サインとともにエントリーをし、ラインにタッチしたら利益確定／損切りという方法もあります。

用語解説　　ATRとCCIを組み合わせてトレンドの方向性を示すインジケーター。登場以後、数々の派生インジ
TrendMagic　ケーターが生まれた。

#35 ピボットポイントを見つけて
サポート／レジスタンスラインを引く

過去の高値／安値からピボットポイントを算出し、チャネルを形成していきます。その中でサポート/レジスタンスラインとなっている最も強いチャネルをバンド幅の太さ順で表示するというインジケーターです。

名称 ○ **Support Resistance Channels**

 オシレーター系

作者 ○ LonesomeTheBlue　　　　　　いいね数 ○ **16748**

○ **設定で細かく調整できる**

チャネルのバンド幅や表示する数などは設定で変更できます。自分に合ったものになるように調整しましょう。

インジケーター自体はサポートラインの緑とレジスタンスラインの赤の水平のチャネルのみとシンプルになっています。

設定方法

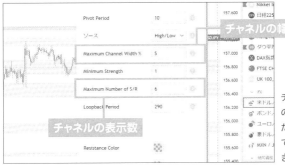

チャネルの幅の広さ

チャネルの表示数

チャネルの最大バンド幅とチャネルの表示数を設定で変更できます。また、「MA」にチェックを入れることで、移動平均線を2本引くことができます。

投資家たちに支持されるカスタムインジケーター60選

MACDをヒストグラム化した インジケーター

MACDは短期と中長期の2本の移動平均線のクロスが特徴ですが、それを無くし、代わりに4色のヒストグラムで表現し、ゼロラインより上か下かで緑色、赤色2系統で色分けされるのでサインを視覚的に捉えられます。

名称 **MACD 4C**

作者 vkno422　　　　　いいね数 16510

◉ 4色の意味を知っておこう

ヒストグラムの色の意味ですが、黄緑色＝プラス圏で上昇、緑＝プラス圏で下降、赤＝マイナス圏で上昇、赤黒＝マイナス圏で下降となります。

表示されるのはヒストグラムのみで、色やバーの長さで収束やダイバージェンスを見破ることができます。

MACDとの比較

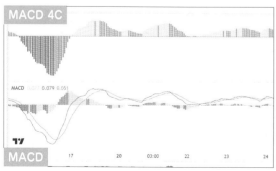

通常のMACDと比較すると、移動平均線が無くなるため、ゴールデンクロス／デッドクロスは色の変化とバーの長さの変化で判断しましょう。

第4章

#37 大口の注文の場所がわかる インジケーター

機関投資家のオーダーブロックを見つけるインジケーターです。ローソク足7〜8本経過後に表示されるため、リアルタイムですぐに反応できるものではありませんが、将来その付近に値が戻ってきたときに役立ちます。

名称 ● Order Block Finder (Experimental)　　オシレーター系

作者 ● wugamlo　　　　　　　　　　　　いいね数 ● 16598

設定の変更は必ず行うこと

初期設定ではBullish OB（強気オーダーブロック）の色が白なので背景が白だと表示されません。全体をダークモードに変えるか、インジケーターの設定で色を変更しましょう。

リプレイ機能で試して、どのようなタイミングでオーダーブロックのラインが表示されるかを確認しておくといいでしょう。

投資家たちに支持されるカスタムインジケーター60選

使い方の例

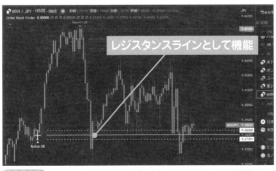

レジスタンスラインとして機能

強気オーダーブロックとして表示しているラインが、明らかに抵抗線として機能しています。リアルタイムでオーダーブロックがわからなくても、後から値が戻ってきたときに反発するか抜けるかを意識するといいでしょう（※写真は強気オーダーブロックが見えるようダークモードにしています）。

用語解説　オーダーブロック　大手市場参加者（大口）が注文を出した価格帯のこと。価格に影響が少ないように小さい取引に分けるため、特定の価格レベルで集中している注文のクラスターとなる。

#38 解析学の数式を使った独自のインジケーター

RSI、CCI、ADXの3つを数学の解析学の分野におけるローレンツ空間というものに当てはめてローソク足ごとに−8〜8まで数値化します。売買サインの出現でエントリーし、数値でトレンドの継続を見極めます。

名称 ◉ Machine Learning: Lorentzian Classification

作者 ◉ jdehorty

いいね数 ◉ 16637

オシレーター系

◉ トレードの成績まで表示される

画面右上には「Trade Stats」としてサインに沿ってトレードしたときの勝率が出ます。時間軸や銘柄にもよりますが、おおむね6割〜8割という高い勝率が出ます。

数値は必ずしも1ずつ動くわけではなく、突然数値が上がることもあります。計算式を含め、複雑な要素が多く存在します。

アラートを設定すると便利

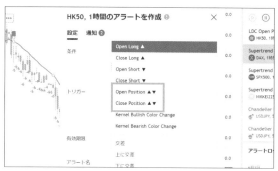

インジケーターからアラートをセットすることができます。条件は「Open Position」、「Close Position」の2つで買い、売りのどちらでも対応することができます。

#39 偽のブレイクアウトを見破れるブレイクアウト手法

重要な価格帯に水平のチャネルを引き、ブレイクアウトが狙えるインジケーターです。サポートラインを青色、レジスタンスラインを黄色として表示し、ブレイクアウトするであろうポイントを見つけます。

名称 ● Bjorgum Key Levels

トレンド系

作者 ● Bjorgum　　　　　　　いいね数 ● 16300

● 3つのポイントを捉える

このインジケーターはブレイクアウト、偽ブレイクアウトの見破り、この2つをポイントとしてバックチェックして中間ポイントをチャネルとする、という3つのポイントがあります。

どちらかに抜けると色が変わるようになっています。

偽ブレイクアウトの見破り

偽ブレイクアウト

その時の勢いで、チャネルを抜けることがありますが、完全に抜けたと判定されるまではチャネルの色は変わらず、偽のブレイクアウトと認識され、反転した場合は、より重要なチャネルとして判定されて色が濃くなります。

ジグザグ+オーダーブロックで
トレンドの転換を見つける

高値と安値を結んだジグザグに加え、大口の注文が入っていると予想される価格帯であるオーダーブロックを表示するインジケーターです。ジグザグからトレンドの確認と重要な価格帯を同時に把握することができます。

名称 Market Structure Break & Order Block by EmreKb

トレンド系

作者 EmreKb　　　　**いいね数** 15333

表示される
チャネルの意味

チャネルの右側にはアルファベットで記号が表示されるようになっています。OB:Order Block、BB:Breaker Block、MB:Mitigation Blockなどの略ですが、それまでのチャートパターンで名前が変化するだけで、すべてオーダーブロックを意味します。

オーダーブロックは直近のものしか表示されないので、注意しましょう。

リプレイ機能でどのように変化するか見極める

リプレイを押す

オーダーブロックのチャネルをブレイクするとMSB（Market Structure Break）として、チャネルからラインに変化します。どう変化するか見極めるためにも、このインジケーターを入れた状態で、リプレイ機能を使うことをオススメします。リプレイ機能は第5章172ページでも解説しています。

用語解説　ジグザグ 高値と安値から構成されるチャートの波動に対してラインを引く指標。トレンド確認やトレンド転換点を分析する。

第4章

3本のラインを使った
スキャルピング用インジケーター

EMA（指数移動平均線）に加えて上下に2本のラインを表示するインジケーターです。移動平均線が上下どちらかのラインを抜けるとチャート上に売買サインを表示し、上下のラインは利益確定／損切りラインとして使います。

名称 ● TonyUX EMA Scalper - Buy / Sell　　　トレンド系

作者 ● tux　　　　　　　　　　　**いいね数** ● 15113

◎ どんな時間軸でも使える

このインジケーターは基本的に短期売買狙いですが、仕組みはシンプルです。インジケーターの作者は「どの時間軸でも使える」と記しています。

赤い線は過去8本分の足の最高値、青い線は過去8本分の足の最安値となっています。

売買タイミング

① 20日移動平均線を上抜けすれば買いのエントリー
上昇傾向なら緑色の線にタッチした時点で利益確定

② 20日移動平均線を下抜けすれば売りのエントリー
下落傾向なら赤色の線にタッチした時点で利益確定

投資家たちに支持されるカスタムインジケーター60選

移動平均線でプルバックを見極めるスキャルピング戦略

3本の移動平均線に背景やローソク足の色分けで状況を把握し、プルバックスキャルピングを狙うインジケーターです。インジケーターの作者はローソク足を平均足にし、時間軸は1分、5分、15分足が適切とのことです。

名称 ◉ **Scalping Pullback Tool R1 by JustUncleL**

作者 ◉ JustUncleL　　　　　　　　　　いいね数 ◉ 15088

◉ **平均足に変えておくこと**

インジケーターの作者は平均足にすることを推奨しています。平均足でプルバックを見つけましょう。

移動平均線は赤色が34日、緑色が89日、青色が200日になります。ローソク足が200日移動平均線と比べて上、線上、下かで背景の色が緑色、黄色、赤色と変わります。

売買タイミング

❶ 平均足が200日移動平均線（青色）よりも上で、価格が34日移動平均線（赤色）に戻ってきたタイミングで買いのエントリー

❷ 平均足が200日移動平均線（青色）よりも下で、価格が34日移動平均線（赤色）に戻ってきたタイミングで売りのエントリー

用語解説 プルバック トレンドに対して一時期的に価格が反対方向に動くこと。いわゆる押し目、戻り目。通常は、この後に新たな上昇／下降に転じることが多い。

#43 パラボリックSARを強化したインジケーター

パラボリックSAR（ストップアンドリバース）はローソク足の上下に点を表示させ、トレンドの状態を示します。このインジケーターは、それに色を付けて大きくし、よりトレンドが明確になるようにしています。

名称 **CM_Parabolic SAR**

作者 ● ChrisMoody　　　　　　**いいね数** ● 14950

● 元のインジケーターと基本は同じ

基本的な機能は内蔵版のパラボリックSARと変わりません。設定できる内容などもほとんど同じで、点に色をつけて大きく見やすくなっています。

上昇トレンドでは緑色の点がローソク足の下に、下降トレンドでは赤色の点が上側に付きます。

パラボリックSARの使い方

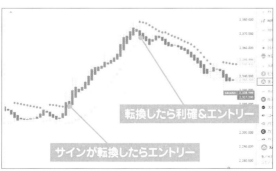

転換したら利確&エントリー

サインが転換したらエントリー

パラボリックSARは点の上下関係が逆転したときにエントリーします。とはいえ、左の図のようにキレイに利益が取れるケースはそこまで多くなく、小幅なレンジ相場ではあまり効果的ではないので注意しましょう。

投資家たちに支持されるカスタムインジケーター60選

#44 RSIの移動平均線をRSI本体と比較するインジケーター

RSIと、RSIのEMAである10日移動平均線を比較して、線の交差からゴールデンクロスやデッドクロスを確認します。また、RSIのラインだけに注目すればRSI単体としても機能します。

名称 ● CM_RSI Plus EMA

作者 ● ChrisMoody　　　　　いいね数 ● 14843

灰色の実線がRSI、赤色の点線がRSIの移動平均線になります。

● 交差するポイントを見極める

基本的には2本の線が交差するポイントを見極めますが、レンジ相場などでは頻繁に交差してしまいます。

使い方の例

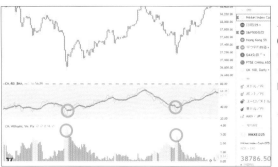

インジケーターの作者であるChrisMoody氏が効果的だと語っているのは、110ページでも紹介している「CM_Williams_Vix_Fix Finds Market Bottoms」と組み合わせたときです。「CM_Williams_Vix ～」で市場の底値を指しているときの「CM_RSI Plus EMA」のゴールデンクロスは高い精度で反転する、とのことです。

#45 高値／安値の移り変わりが瞬時に把握できる

ドンチャンチャネルをベースにバンドに水平ラインを引くインジケーターです。高値／安値が切り上がっている／切り下がっているといった情報が視覚的にわかりやすくなります。

名称 [RS]Support and Resistance V0　　　　トレンド系

作者 ◉ RicardoSantos　　　　　いいね数 ◉ 14757

◉ **トレンドがわかりやすい**

現在の価格が、直近の安値より高い場合は緑色、高値より低い場合は黄色で表示されるようになっています。この色の面積を見れば現在のトレンドが把握できます。

ラインはローソク足の価格の更新があるごとに比較的細かくひかれていきます。

使い方の例

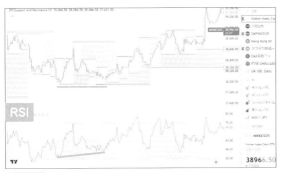

このインジケーターだけでは、どこでエントリーすればいいのかがわかりづらいので、たとえば、RSIを入れてダイバージェンスを見つけるなどをするといいでしょう。

用語解説　ドンチャンチャネル　一定期間の高値を結んだラインと安値を結んだラインとそれらの平均値のラインからバンドを構成したもの。トレンド、ボラティリティを計るテクニカル指標。

#46 目安の価格がはっきりとわかる サポート／レジスタンスライン

ピボットポイントを見つけて水平線のサポート／レジスタンスラインを自動的に引くインジケーターです。

141ページで紹介している「Support Resistance Channels」と違う点はチャネルの中央値にラインを引きます。

名称 ● Support Resistance - Dynamic v2　　オシレーター系

作者 ● LonesomeTheBlue　　　　　　いいね数 ● 14405

● ラインは チャネルの中央値

表示されるラインと価格は、計算で出したチャネルの中央値にあたります。

ラインの価格や現在価格からのパーセンテージが表示されているのがわかりやすいポイントとなっています。

設定方法

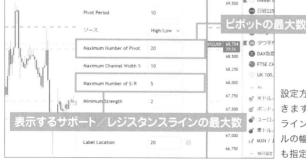

ピボットの最大数

表示するサポート／レジスタンスラインの最大数

設定方法は細かく指定することができます。検出するピボットの数や、ラインの最大表示数のほか、チャネルの幅や表示するラインの強さなども指定できます。

#47 出来高からサポート／レジスタンスラインを測定する

フラクタルパターンが出現したときに出来高が多かった場所にラインを引き、サポート／レジスタンスラインとするインジケーターです。それぞれの時間軸でのラインを色分けして表示していきます。

名称 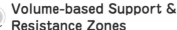 **Volume-based Support & Resistance Zones**

作者◎ LonesomeTheBlue　　　　いいね数◎ 14405

出来高系

◎ 時間軸を把握しよう

ラインの表記はチャートで表示している時間軸のほか、4h（4時間足）、D（日足）、W（週足）となっており、さらにS（サポート）、R（レジスタンス）がそれぞれ表示されます。

すべてが別の色で色分けされているので、設定の変更で時間軸によって4色にまとめるなど整理するといいでしょう。

投資家たちに支持されるカスタムインジケーター60選

設定方法

表示するライン

時間軸の設定

ラインの色

設定では全体の設定のほか「TIME FLAME」の1～4まで4本のラインについて個別に表示するかどうかや、時間軸、色などを設定することができきます。

用語解説
フラクタルパターン 時間軸の違うチャートで一部を切り取って拡大したときに他の時間軸でも同じパターンになる特性のこと。

#48 2本のラインでトレンドを見つける インジケーター

短期の移動平均線に加えて、独自の ライン（OTT）を引き、ローソク足と その2本の線の動きでトレンドを見つ けます。OTTラインが細かい値動きに 反応しないのがポイントで、レンジ相 場の見極めなどにも適しています。

名称 ◯ Optimized Trend Tracker

トレンド系

作者 ◉ KivancOzbilgic　　　　　**いいね数** ◉ 14252

◎ 売買サインは シンプル

売買サインは紫色のOTTライン と移動平均線がクロスした タイミングで出ます。

移動平均線は初期設定では価 格に追従しやすいVAR（可変 インデックス動的移動平均=別 名VIDYA）が使われています が、設定で変更することが可 能です。

設定方法

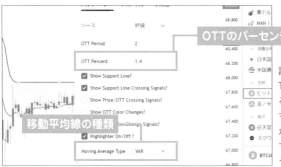

OTTのパーセンテージ

移動平均線の種類

設定ではOTT（Optimized Trend Tracker）の計算式の数値を変更す ることが可能です。初期値は1.4で すが、0.1変えるだけでも線の形は かなり変化するので、銘柄に合わせ てうまく調整する必要があるでしょ う。

第4章

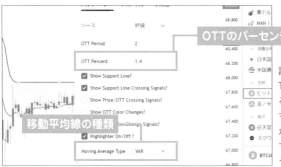

過熱感を見極めて底値や天井を見つける

110ページで紹介している「CM_ Williams_Vix_Fix Finds Market Bottoms」と似ていますが、こちらはヒストグラムを5色で色分けし、底値だけでなく、天井も見つけられるようになっています。

名称  CM_Laguerre PPO PercentileRank Mkt Tops & Bottoms

オシレーター系

作者 ◉ KivancOzbilgic　　　　　**いいね数** ◉ 14252

◉ 5色の色分けに注目する

買われすぎのオレンジ色と赤色、売られすぎの緑色と黄緑色、中立の灰色の5色で色分けされています。

ヒストグラムはゼロラインをベースに上下に広がります。エントリーポイントを見つけることはもちろん、利益確定のタイミングを探るのにも使えるでしょう。

使い方の例

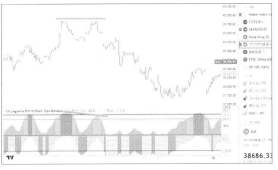

エントリーポイントとしては価格と逆行した動きのダイバージェンスを見つけてトレンドが転換しそうなタイミングを狙うのがいいでしょう。

投資家たちに支持されるカスタムインジケーター60選

#50 レンジ相場の誤ったエントリーを減らすトレンド追従インジケーター

PMaxという、ATRをベースにした独自のラインと短期の移動平均線を使ってトレンドに沿った売買を狙います。

売買サインが出るとPMaxがいったん逆行するのが特徴で、ストップロス／利益確定ポイントを明確にしています。

名称 ◉ **Profit Maximizer Pmax**

トレンド系

作者 ◉ KivancOzbilgic いいね数 ◉ 14098

◉ 売買サインに 沿ってトレード

移動平均線とPMaxがクロスしたら売買サインが出ます。同じ作者による154ページのOptimized Trend Trackerと似ているので、比較するのもいいでしょう。

移動平均線と交差するまではサインは出ないため、サインの発生が遅くなる反面、レンジ相場で誤ったサインが出にくくなっています。

使い方の例

200日移動平均線

さらに精度を高めるのであれば、200日移動平均線も同時に表示し、価格が200日移動平均線の上のときは買いのみ、200日移動平均線の下のときは売りのみエントリーする、というのもいいでしょう。

第4章

#51 ハッシュレートを確認する ビットコイン用インジケーター

ビットコインはマイニング作業によって生成されますが、マイニング作業を行うマイナーの動きを測るのが、このインジケーターです。このように暗号資産の動きを分析することをオンチェーン分析といいます。

名称 Hash Ribbons

作者 capriole_charles

いいね数 13661

オンチェーン分析

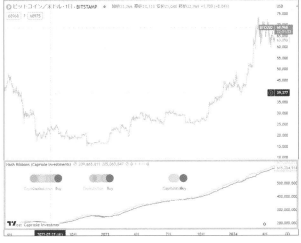

マイナーの 動きに注目する

マイナー業者はビットコインの価格が下落し始めると、損失が出る前に暗号資産交換業者にビットコインを転送し、売却します。この動きをマイナーの「降伏（Capitulation）」といい、サインが出ます。

マイナーの降伏と価格の上昇が重なると「Buy」サインが出ますが、出るのは1年に数回の頻度です。

使い方の例

降伏サイン

Buyサイン

ビットコインの価格が下落し始めると「降伏（Capitulation）」のサインが出て、それからしばらくサインが続きます。生成された分が市場に出回り、買い圧力が優勢になるとBuyサインが出ます。

#52 高値／安値圏でのローソク足の パターンを見つけ出す

日本でも海外でもローソク足のパターンから反転を予測する動きがありますが、このパターンを価格帯と合わせて表示します。パターンはスイングハイ／ローの重要な場面でのみ表示されるようになっています。

名称  **Swing Highs/Lows & Candle Patterns [LuxAlgo]**

作者 ◉ LuxAlgo　　　　　　　　いいね数 ◉ 13405

◉ ローソク足の 意味を知る

表示されるパターンはHammer、Engulfing、Hanging Man、Shooting Starがありますが、基本的にいずれも反転のサインです。

価格帯の意味はHH=Higher High、HL=Higher Low、LH=Lower High、LL=Lower Lowとなっています。

リアルタイムでは表示されないので注意

このインジケーターのサインは、すぐには表示されず、ローソク足が21本進み、スイングハイ／ローが確定したときに出現します。設定で表示までの期間を短くすることが可能で、トレンドが反転するサインとして使えます。

第4章

#53 過去の高値／安値を 自動で表示するインジケーター

本誌にてインタビューを掲載しているSABAI SABAI FX氏が作ったインジケーターです。今日、昨日、先週、先月、昨年の高値／安値をラインで表示します。設定で文字の大きさなどを変えることができます。

名称 ● High Low Yesterday & Last week & Last month

作者 ● FX365_Thailand　　　　　いいね数 ● 1590

表示系

重要な価格が 瞬時にわかる

シンプルに価格のラインを表示する機能ですが、たとえば、先週、昨日、今日と高値が切り下がっていれば下落トレンドにあることがすぐにわかります。初期設定では、チャートの右側に指定した時期の高値安値の価格帯を表示します。

ラインを見れば高値／安値がどのように変化したかもわかるようになっています。

設定方法

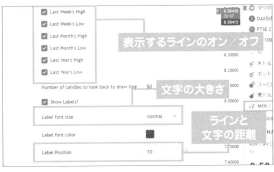

パラメーターでは左のような変更が可能です。また、スタイルでラインの色なども変更することが可能です。各ラインの色分けは自由なので、重要だと思うものは色を変えたり、線を太くするなどしましょう。

投資家たちに支持されるカスタムインジケーター60選

159

期間を指定して高値／安値を表示するインジケーター

SABAI SABAI FX氏によるインジケーターです。設定で好きな数字を指定し、過去N日分、N月分でさかのぼって高値、安値を表示します。高値、安値で違う数字を入れることもできます。

名称 ◎ **Previous N Days/Weeks/Months High Low**

表示系

作者 ◎ FX365_Thailand   いいね数 ◎ 564

◎ 指定できる期間は決められる

表示できるのは日、週、月単位でそれぞれ高値／安値で期間を決められます。銘柄に合わせて自分で調整しましょう。チャートの右側にNで指定した範囲の高値安値の価格帯を表示します。

初期設定では20日、12週、6か月の高値／安値が表示されます。その銘柄で価格のブレイクが重要だと思う期間を見つけて自由に設定しましょう。

設定方法

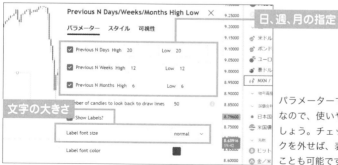

パラメーターでは期間の指定が可能なので、使いやすいように設定しましょう。チェックボックスのチェックを外せば、表示しないようにすることも可能です。

#55 3本の移動平均線を表示して アラート設定もできる

SABAI SABAI FX氏によるインジケーターです。SMAなど内蔵インジケーターの移動平均線は1本でインジケーターの枠を1つ取ってしまいますが、こちらを使えば1つのインジケーターで3本表示させることができます。

名称 ◯ **3MA with Perfect Order Alert /**
移動平均線パーフェクトオーダー

作者 ◯ FX365_Thailand   いいね数 ◯ 924

トレンド系

◉ **色や期間は**
  自由に変更可能

移動平均線はそれぞれ期間や種類を変えることが可能です。もちろん、色や太さも自由に変えられるので使いやすいように設定をしましょう。

初期設定では期間は5、20、50となっています。

設定方法

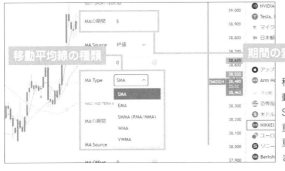

移動平均線の種類

期間の変更

移動平均線の種類はSMA（単純移動平均線）、EMA（指数移動平均線）、SMMA（平滑移動平均線）、WMA（加重移動平均線）、VWMA（出来高加重移動平均）の中から選ぶことができます。

投資家たちに支持されるカスタムインジケーター60選

30以上の指標を1つにまとめた オールインワンインジケーター

RSI、MACD、出来高、一目均衡表、スーパートレンドなど、30種類以上の指標をまとめたインジケーターです。すべてをチャート上に視覚的に表示できるわけではありませんが、売買シグナルを一覧表で確認できます。

名称 **DIY Custom Strategy Builder [ZP] - v1**

総合

作者 ● zpayab

いいね数 ● 6141

◎ カスタマイズは 自由自在

設定できる項目は多彩ですが、チャートが見づらくならないよう、必要最低限の指標だけを使うようにしましょう。

各テクニカルはチャートには表示されず、画面右下のダッシュボードで買いか売りかのサインが表示されます。デフォルトでは、チャート上に設定したテクニカルを基にした売買サインと世界のマーケット時間が表示されます。

設定方法

設定項目は、指標ごとに個別に設定できるため、非常に膨大な量になっています。まずは表示するものとしないものから設定していくといいでしょう。

#57 トレンドの勢いと方向がわかる 改良版MACD

仕組みや計算式はMACDと同じですが、2本の移動平均線の間の領域をフィルタリングして修正された値を表示しています。レンジ相場ではほぼ水平の線となるのが特徴です。

名称 ● Impulse MACD [LazyBear]

作者 ● LazyBear　　　　　　　いいね数 ● 6178

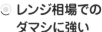

● レンジ相場での ダマシに強い

小さな値幅でのレンジ相場では水平のラインとなるため、レンジ相場時でのゴールデンクロスやデッドクロスを無視できます。

なお、初期設定ではオフになっていますがパラメーターの「Enable bar colors」にチェックを入れるとローソク足に色が付き、買いか売りかの判断の目安にできます。

MACDとの比較

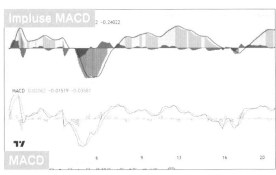

MACDと比較すると、移動平均線が1本少なくなっていますが、レンジ部分が水平になる以外はほとんど同じ動きをします。

投資家たちに支持されるカスタムインジケーター60選

#58 過熱感を示すQQEを使った インジケーター

　ボリンジャーバンドとRSIを基に開発された指標のQQE（Quantitative Qualitative Estimation）をベースにしています。QQEを使ったインジケーターの中でも、こちらは移動平均線とヒストグラムで表示します。

名称 ◯ **QQE MOD**

作者 ◉ zpayab　　　　　　いいね数 ◉ 6141

◯ ダークモードを 推奨

初期設定では移動平均線の色が白色なので、全体の設定をダークモードにするか、設定のスタイルで「QQE Line」の色を変えましょう。

中央のゼロラインは50日移動平均線のボリンジャーバンドの中央値が取られており、そこからの乖離がヒストグラムの大きさになります。

使い方の例

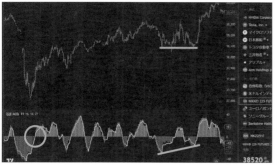

「QQE MOD」を使ったエントリーポイントとしてはゼロラインを超えたタイミングや、あるいはダイバージェンスが発生したタイミングです。200日移動平均線なども加えて、トレンドに沿ったトレードのみを行う方がいいでしょう。

第4章

#59 値動きの強さを見つける インジケーター

始値と終値の移動平均を求め、その差異を指標化したインジケーターです。終値が始値より高い状態が続けば上昇トレンド、その逆であれば下降トレンドを意味します。

名称 **Open Close Cross Alerts NoRepaint Version by JustUncleL**

作者 ◉ JustUncleL　　　　いいね数 ◉ 5987

◉ エントリーポイント を見つける

ゼロラインを上抜けすると、終値移動平均が始値移動平均を上回ったタイミング、つまりエリアが緑色になれば買いのエントリーポイントとなります。逆に緑色から赤色になったタイミングは売りのエントリーです。

売買タイミングはアラートで知らせることができるので活用しましょう。

設定でダイバージェンスを見つける

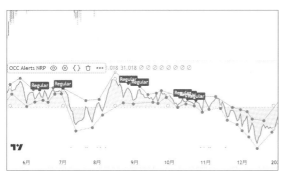

設定のパラメーターで、「Show Divergence Channel」、「Show Hidden Divergence」、「Show Regular Divergence」 の3つにチェックを入れると、新たにラインが表示され、ダイバージェンスの発生をサインで表示してくれるようになります。

投資家たちに支持されるカスタムインジケーター60選

平均足は細かな値動きに左右されにくい特徴がありますが、実際の価格と表示がかい離することがあるのが難点です。このインジケーターは平均足をローソク足のチャートに同時に表示することができます。

名称 ◯ Heikin Ashi Candle Overlay

作者 ◉ Bjorgum　　　　　　　　　いいね数 ◉ 1661

◉ 表示/非表示を切り替える

インジケーターを入れるとそのまま重なって表示されます。重なっていて見づらい場合はインジケーターの表示/非表示を切り替えるといいでしょう。

通常のチャートでは、ローソク足を平均足に変えるとリプレイ機能が使えなくなりますが、こちらのインジケーターを使えば平均足を表示したままリプレイ機能が使えます。

設定方法

パラメーターの「Candle Type」で3種類の中からパターンを変更できます。Hollowは中空ローソク足、Barはバーです。初期設定ではHollowとなっています。

#61 200日移動平均線とともにトレンドを見つける

スーパートレンドから派生した「HalfTrend」というインジケーターからさらに派生したインジケーターです。200日移動平均線が付いているのが特徴で、シグナルと合わせて使用することができます。

名称 **Xtreme Trend**

トレンド系

作者 KachraStocks　　　　**いいね数** 3602

インジケーター作者推奨の使い方

インジケーターの作者はインデックスの場合は5分足、株式の場合は15分か30分足を推奨しています。また、ピボットやサポート／レジスタンスラインも併せて判断材料に使うといいとのことです。

200日移動平均線が表示されるので、売買サインと併せて活用しましょう。

売買タイミング

① 200日移動平均線（オレンジ色）よりも上で、買いのサインが出たら確定を待って次のローソク足で買いのエントリー

② 200日移動平均線（オレンジ色）よりも下で、売りのサインが出たら確定を待って次のローソク足で売りのエントリー

投資家たちに支持されるカスタムインジケーター60選

#62 インジケーターの位置を見やすいように変更する

複数のインジケーターを使っていると、表示がかぶるなどして見づらくなってしまうことがあります。さまざまな方法で表示方法を変えることができるので、自分が見やすいように表示方法を変えてみましょう。

インジケーターのメニュー

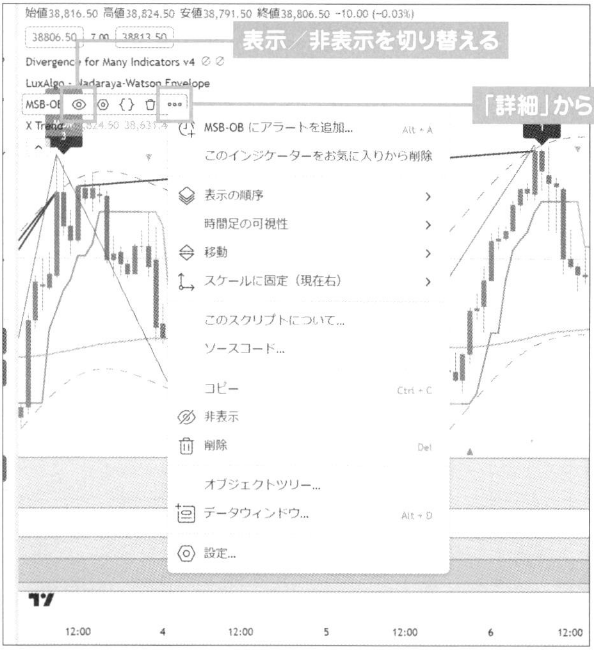

追加したインジケーターを選択し「詳細」を押すとメニューが開きます。また、左側のボタンでは一時的に表示／非表示を切り替えることもできます。スマホアプリ版でも同じように操作することが可能です。

POINT!!

インジケーターの紹介ページを見る

「詳細」から「このスクリプトについて」を押すと、作者によるインジケーターの紹介ページが表示します。すべて英語ですが、使い方などが書いてあるものもあるので参考にしましょう。

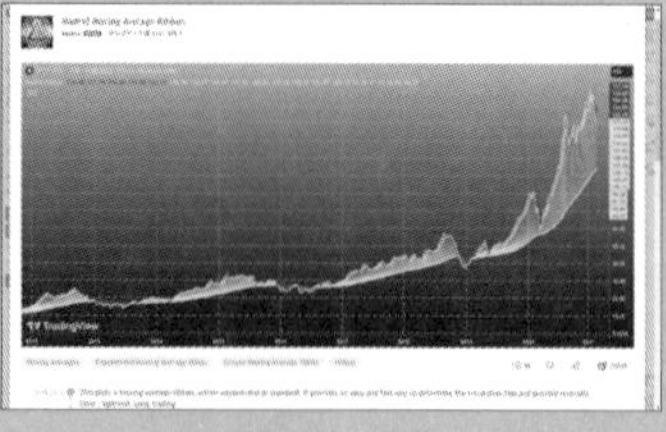

インジケーターのスケールを移動する

🔼 スケールに固定（現在右）　　　　　　　　　>

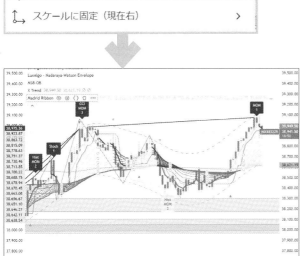

インジケーターによっては価格スケールに値を表示するものがあり、表示がかぶってしまう場合があります。メニューから「スケールに固定」→「新たな左スケールに固定」を選択すると、左側に価格スケールを作ることができます。「「新たな左スケールに固定」で右側にもう1つ作ったり、「スケールなし」でスケールに表示させないようにすることもできます。

インジケーターのペイン（エリア）を変える

⇕ 移動　　　　　　　　　　　　　　　　　>

メニューで「移動」→「下の新規ペイン」へを選択すると、下にエリアが表示し、移動します。「上の新規ペイン」で上に移動させることも可能です。

#63 インジケーターを自作するには?

インジケーターは、Pineスクリプトというプログラミング言語で書かれています。ゼロから作るのはとても大変ですが、カスタムインジケーターのPineスクリプトは見られるようになっているので、表示の機能をどのようにプログラムしているかわかるようになっています。これらを参考に自分でインジケーターを作ることもできるようになっています。

インジケーターのメニューから「ソースコード」を選択すると、「Pineエディタ」画面が開き、スクリプトが表示されます。特定の関数などにカーソルを合わせると追加情報が表示される機能もあります。自分で作る場合は「詳細」からは編集しやすいように新しいウィンドウで開いたり、「保存」で編集することができます。

POINT!!

依頼して作ってもらう方法もある

スキルマーケットの「ココナラ」などで「Trading View」と検索すると、インジケーターの作成を依頼できる方が見つけられます。自作が難しすぎる場合はこのようなサービスを使うのもいいでしょう。

第4章

第5章

インジケータの
組み合わせ検証

～勝てるインジケーターを探す～

※海外などで取り上げられた人気インジケーターやストラテジーを組み合わせた
手法の検証ですので、必ずしも推奨しているわけではありません。

#01 カスタムインジケーターの 組み合わせをリプレイで検証する

第4章ではさまざまなカスタムインジケーターを紹介してきましたが、YouTubeをはじめ、ネット上にはさらにインジケーターを組み合わせたトレード手法が公開されています。とはいえ、これらの手法で実際に利益をあげられるのかは検証する必要があります。Trading Viewではリプレイ機能を使って、検証することができます。これをバックテストといいます。なお、無料版ではリプレイ機能は日足でのみ使用できます。

リプレイ機能の使い方

上部のメニューから「リプレイ」を押すと、そのチャートでのリプレイモードが開始し、画面の下側にリプレイ機能のメニューが表示されます。

◎ リプレイのメニューの使い方

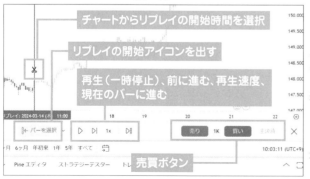

リプレイ機能とは、過去の指定した期間を再生することで実際にあった値動きを再現します。まず開始位置のバーを選択します。その後、再生ボタンを押すとバーが進んでいきます。初期設定では1秒に1本チャートが進みますが、再生速度は10秒に1本～1秒に10本まで選択可能です。

リプレイ機能のエントリーと決済方法

❶ 描画のポジションでエントリーを決める

②ロングポジションまたはショートポジションを選択

③ポジションを持った
エントリーポイントに合わせる

①売買ボタンを押す

リプレイを進めて売買したいポイントが発生したら一時停止します。リプレイの横にある買い、または売りのボタンを押して仮想のポジションを持ちます。44ページで紹介している描画ツールの「プロジェクション」を選択し、買いの場合はロングポジション、売りの場合はショートポジションを選び、エントリーしたポイントに合わせます。

❷ リスク／リワードを決める

①十字を選択

②リスク／リワードを決める

ロングポジション、またはショートポジションの描画ツールを選択し、希望するリスクリワードの設定します。描画ツールの「十字」を選択して手順1で定めたポジションのリスク／リワードを動かします。インジケータの売買サインは検証方法それぞれで基準が異なります。

③ ポジションの指値と逆指値をセットする

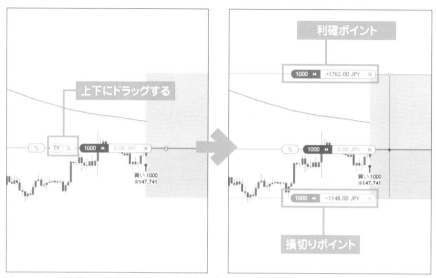

チャート上のポジションを選択すると左側に「TP（Take Profit・利確）」と「SL（Stop Loss・損切り）」ボタンが出るので、これをマウスで選択してから上下に動かし、リスク／リワードの値に合わせます。

④ ポイントに達したらポジションが決済される

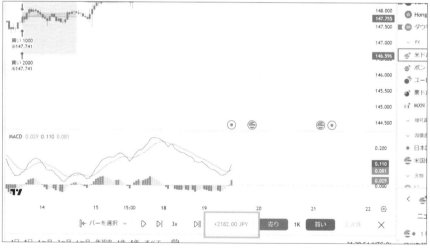

リプレイを進めてバーが手順3で設定した利確、または損切りのラインに達すると、ポジションが自動的に決済されます。リプレイの売買ボタンの横に、このリプレイ中での損益が表示されます。ポジションが決済される前に追加でポジションを持つことも可能ですが、この章で行っている売買手法の検証ではポジションが整理されてから、エントリーポイントが来るのを待つようにしています。

リプレイ機能での注意点や便利機能

❶ バーの選択で戻るとすべて消えてしまうので注意

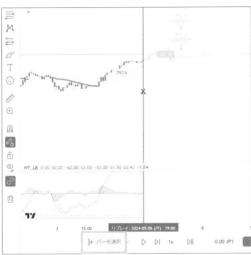

リプレイでバーを進めすぎてしまった場合や、注文を間違えてしまった場合などは、再びバーを選択すると戻ることができます。ただし、それまでの損益計算などが消えてしまうので、確実に検証したい場合は、損益計算は同時にエクセルなどでも行うといいでしょう。

❷ バーを1本ずつ進める場合はショートカットキーを使う

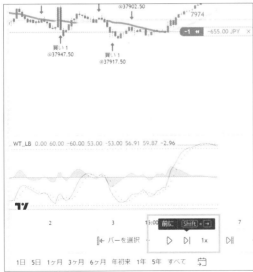

上記のようなリプレイ時のミスが起きないようにするには、バーを自動で進めるのではなく、1本ずつ手動で進めるのが確実です。とはいえ、ずっとマウスをカチカチとクリックし続けるのは大変なので、ショートカットキーを使いましょう。「Shift」+「→」で前に進めることができます。また、再生は「Shift」+「↓」で行えます。

MACD+200日移動平均線でシンプルトレード

MACDのゴールデンクロス／デッドクロスは有名な売買サインですが、どちらか一方にトレンドが発生している場合でも、短期的な値動きで逆方向のクロスが発生してしまい、サインを見誤ってしまうことがあります。そこで200日移動平均線を加えて長期的な動きも見るようにします。

使用するインジケーター

名称 ● **MACD**

作者 ◉ －　　　　　　　　　　　　　　いいね数 ◉ －

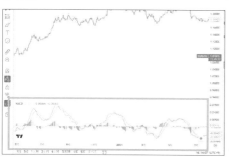

MACDは内蔵インジケーターのものをそのまま使います。

名称 ● **EMA（指数移動平均）**

作者 ◉ －　　　　　　　　　　　　　　いいね数 ◉ －

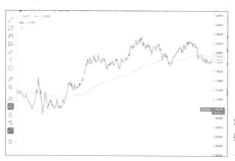

SMA（単純移動平均）ではなくEMA（指数移動平均）の方を使いましょう。こちらも内蔵インジケーターのものです。

第5章

セッティング方法

◉ MACDの設定

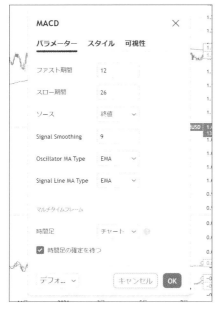

◉ EMAの設定

期間を200にする

MACDはそのまま、EMAは「期間」を200にセットします。

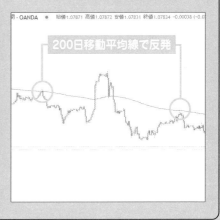

POINT!!

200日移動平均線は さまざまな分析に使える

　200日移動平均線は、FXなどでは長期トレンドを分析し見極めるために使用するテクニカル指標として有名です。向きによってトレンドを把握できるだけでなく、サポート・レジスタンスとしても機能します。

　逆に200日移動平均線をブレイクすると値動きに勢いがついて、相場が動いていくことがあります。

200日移動平均線で反発

インジケータの組み合わせ検証

売買エントリーのサイン

◎ 買いから入る時のサイン

MACDのゴールデンクロスが中心線より下側で発生したら、200日移動平均線を見て、条件が合えば買いのエントリーをします。

1 MACDでゴールデンクロスが発生

2 クロスの発生ポイントは中心線よりも下

3 ローソク足が200日移動平均線よりも上

◎ 売りから入る時のサイン

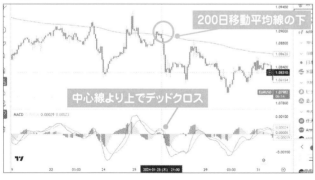

売りのエントリーは買いと反対になります。MACDのデッドクロスを探し、200日移動平均線よりも下側にあるのであればエントリーします。

1 MACDでデッドクロスが発生

2 クロスの発生ポイントが中心線よりも上

3 ローソク足が200日移動平均線よりも下

本書での検証

検証期間

● 2023年11月1日～2024年1月1日

シンボル

● EUR/USD

検証時間軸

● 1時間足

リスク／リワード比

● 1:1.5

ストップロスを200日移動平均線の下（上）

売買サインが出たら、200日移動平均線から少し離れた位置にストップロスを置き、そこからリスク／リワードを1:1.5で置いて結果を見ます。

バックテスト結果

勝敗

● 6勝4敗

MACDのゴールデン／デッドクロスという有名な売買サインを使った手法ですが、結果はまずまずレベルでした。下降トレンドが続いているときは、MACDが常に中心線を下回っていつまで経ってもエントリーポイントが現

獲得金額

● 32.98USD

れなかったり、あるいはポジションを持っている間に、また売買サインが発生したりということもありました。リスク／リワードの取り方やシンボル、スケールによってはまったく別の結果になるでしょう。

日足で見ると比較的アップダウンがあるような相場でしたが、まずまずといったところの結果になりました。

売買サインにサポート／レジスタンスを測るなど、さまざまな役割を果たせる一目均衡表を使います。さらにトレンドを把握するために200日移動平均線を加えます。基本的には一目均衡表の「三役好転」、「三役逆転」を待ち、さらに200日移動平均線の上下でトレンドに沿ったトレードを行います。

使用するインジケーター

名称 ● Ichimoku Cloud（一目均衡表）

作者 ● -　　　　　　　　　　　いいね数 ● -

内蔵インジケーターの一目均衡表です。設定はそのままですが、線の太さを変えています。

名称 ● EMA（指数移動平均）

作者 ● -　　　　　　　　　　　いいね数 ● -

176ページと同じく、EMA（指数移動平均）を使います。こちらも内蔵インジケーターのもので行いました。

第5章

セッティング方法

⬤ 一目均衡表の設定

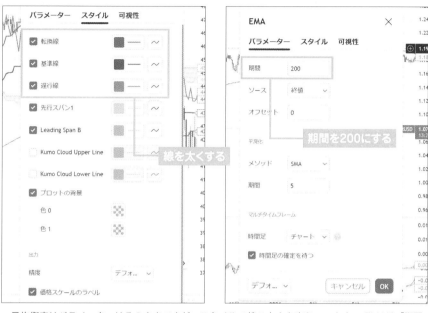

⬤ EMAの設定

一目均衡表はパラメーターはそのままですが、スタイルで線の太さを変えています。、EMAは「期間」を200にセットします。

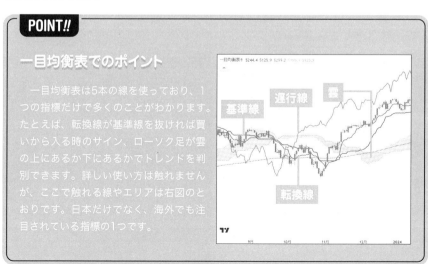

POINT!!

一目均衡表でのポイント

　一目均衡表は5本の線を使っており、1つの指標だけで多くのことがわかります。たとえば、転換線が基準線を抜ければ買いから入る時のサイン、ローソク足が雲の上にあるか下にあるかでトレンドを判別できます。詳しい使い方は触れませんが、ここで触れる線やエリアは右図のとおりです。日本だけでなく、海外でも注目されている指標の1つです。

売買エントリーのサイン

◎ 買いから入る時のサイン

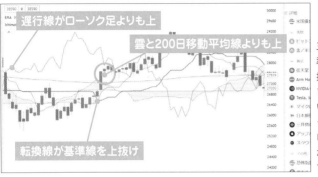

三役好転とは、転換線が基準線を上に抜ける、雲を上抜け、遅行線が過去のローソク足よりも上にある、という状況です。このサイン＋200日移動平均線よりもローソク足が上という条件が整ったらエントリーします。

① 一目均衡表の三役好転

② ローソク足が200日移動平均線よりも上

◎ 売りから入る時のサイン

三役逆転は、三役好転の反対で転換線が基準線を下に抜ける、雲を下抜け、遅行線が過去のローソク足よりも下にある、という状況です。このサイン＋200日移動平均線よりも下でエントリーします。

① 一目均衡表の三役逆転

② ローソク足が200日移動平均線よりも下

本書での検証

検証期間

● 2018年4月2日〜2021年5月1日

シンボル

● S&P500

検証時間軸

● 日足

リスク／リワード比

● -

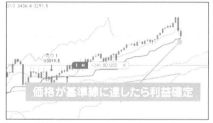

リスク／リワードは取らず、エントリーしたらストップロスを基準線のすぐ下（売りの場合は上）に置き、そのまま推移を見守ります。利益が出ている場合は、価格が基準線に達したら決済します。

バックテスト結果

勝敗

● 12勝5敗

　一目均衡表がもともと日足で使うことを推奨されているため、日足でバックテストを行いました。利益確定のポイントが明確なため、大きなトレンドを掴むと利益を伸ばしやすく、株価指標にはとても合っているようです。た

獲得金額

● 935.9USD

だし、一目均衡表の優れた性質と株価指標で激しい乱高下が発生しづらいこともあり、三役好転・三役逆転が発生する時点では200日移動平均線はほぼ基準を満たしており、こちらはは無理に使う必要は無いかもしれません。

条件が揃ったところでエントリーするため、エントリーポイントも豊富にあり、コロナショックのような急激な下落のときでも大きく利益伸ばせることができました。

#04 反発をターゲットにした ボリンジャーバンド+RSI

定番の指標であるボリンジャーバンドにRSIを加えた戦略です。どちらも売られすぎ／買われすぎを示す指標であるため、反発を見極めやすく、トレンド相場よりもレンジ相場で効果を発揮しやすいと言われてします。一方、暗号資産のように乱高下しやすい銘柄には不向きと言えます。

使用するインジケーター

名称 ● BB（ボリンジャーバンド）

オシレーター系

作者 ◉ -　　　　　　　　　　　　　　**いいね数** ◉ -

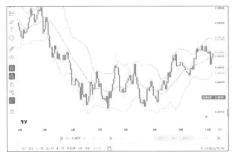

内蔵インジケーターのボリンジャーバンドです。設定は変えずにそのまま使います。

名称 ● RSI（相対力指数）

トレンド系

作者 ◉ -　　　　　　　　　　　　　　**いいね数** ◉ -

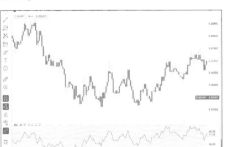

こちらも設定は変更しませんが、初期設定で付属しているRSIをベースにした移動平均線は不要なので取り除きます。

第5章

セッティング方法

⬤ ボリンジャーバンドの設定

⬤ RSIの設定

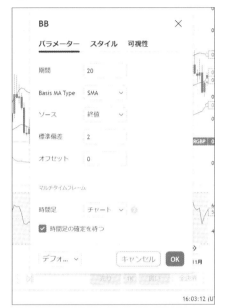

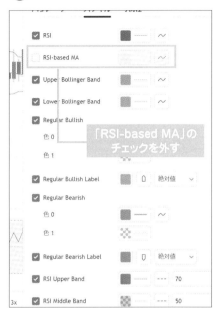

「RSI-based MA」の
チェックを外す

ボリンジャーバンドはそのまま使います。RSIは移動平均線（黄色の線）は使わないのでチェックを外してします。

POINT!!

ボリンジャーバンドの
標準偏差を変える

　ボリンジャーバンドは初期設定である標準偏差の2倍の±2σの間には約95%が収まる、という統計学的な基づきによって計算されています。次のページで明らかになっていますが、今回本書で試したバックテストではうまくいっていません。その場合は標準偏差の数値を変えるといいでしょう。また、ボリンジャーバンドは幅が収束したあとに広がるとその方向に動きやすい、という性質もあります。

バンドが広がると
同じ方向に進みやすい

売買エントリーのサイン

◎ 買いから入る時のサイン

ローソク足がボリンジャー
バンドを下抜けし、さらに
RSIが30を下回っていれば、
バンド内に戻ってきたタイ
ミングで買いを入れます。

① ローソク足がボリンジャーバンドを下に抜けてからバンド内に戻る

② RSIが30を下回ってからの上抜け

◎ 売りから入る時のサイン

売りから入る場合は、ボリ
ンジャーバンドの上抜けに
加えてRSIが70を超え、そ
こから反転してきたタイミ
ングでエントリーします。

① ローソク足がボリンジャーバンドを上に抜けてからバンド内に戻る

② RSIが70を上回ってからの上抜け

本書での検証

検証期間
- 2024年1月2日～3月15日

シンボル
- ユーロ／ポンド

検証時間軸
- 1時間足

リスク／リワード比
- －

エントリーしたら、ストップロスをその時点でのバンドの外側のラインに置きます。利益が出たら反対側のバンドに達したところで利益を確定させます。

バックテスト結果

勝敗
- 6勝8敗

この期間のユーロ／ポンドは比較的レンジ内での値動きですが、結論からいうと、まったくかみ合っていませんでした。もっと値動きが緩やかなシンボルであれば結果は違っていたかもしれませんが、為替は指標などで一気に

獲得金額
- 1.81GBP

大きく動くことがあり、RSIがあまり当てになりませんでした。改善するとすれば、ボリンジャーバンドの標準偏差を3～4にするか、バンドの収縮からの拡散を狙えるようにするなどでしょう。

左の図のように、ボリンジャーバンドを突発的に大きく抜けて、すぐに戻るような動きで負けてしまうことが多くありました。

人気カスタムインジケーター2つを組み合わせたブレイク手法

　カスタムインジケーターの中で最も人気のある「Squeeze Momentum Indicator」と、自動でサポート/レジスタンスラインを引く人気カスタムインジケーターを合わせた手法です。値幅が収縮から拡散する動きと、ラインをブレイクする動きが合致したタイミングを狙っていきます。

使用するインジケーター

名称　Squeeze Momentum Indicator [LazyBear]

　　　　　　　　　　　　　　　　　　オシレーター系

作者◎ LazyBear　　　　　　　　　　いいね数◎ 87988

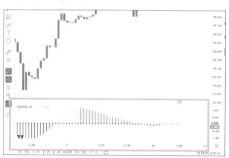

収縮からの拡散を表すインジケーターです。中央のラインの違いがわかりやすくなるように設定を変えています。

名称　Support and Resistance Levels with Breaks [LuxAlgo]

　　　　　　　　　　　　　　　　　　トレンド系

作者◎ LuxAlgo　　　　　　　　　　いいね数◎ 20448

直近の高値/安値に自動でラインを引き、レジスタンス/サポートラインとするインジケーターです。

セッティング方法

Squeeze Momentum Indicatorの設定

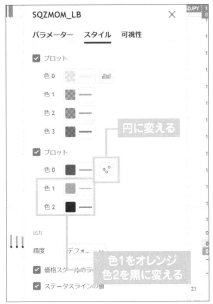

Support and Resistance Levels with Breaksの設定

「Squeeze Momentum Indicator」はスタイルで中央のラインの形（初期設定は「+」型）と色を変えます。「Support and Resistance 〜」は色をローソク足に合わせます。どちらもパラメーターは変えません。

POINT!!

さらに200日移動平均線を加えれば勝率アップ!?

今回は無料版でも使えるように2個のインジケーターで紹介していますが、海外で広まったこの売買サインの見つけ方に、さらに200日移動平均線を加え、線より上では売りをしない、下では買いをしない、とエントリーにさらに制限を加えます。有料プランであれば、さらに加えるか、証券会社などのチャートに200日移動平均線だけ表示して判断する、という形でもいいかもしれません。

売買エントリーのサイン

◎ 買いから入る時のサイン

「Squeeze Momentum Indicator」の中心線のオレンジが少なくとも6個以上続いた後、色が黒に変わったタイミングを狙います。さらに「Support and Resistance〜」のラインを上に抜けたらエントリーします。

① 「Squeeze Momentum〜」の中心線のオレンジが6個以上続く

② 「Squeeze Momentum〜」の中心線が黒に変わり、バーが緑色

③ 「Support and Resistance〜」のラインを上抜け

◎ 売りから入る時のサイン

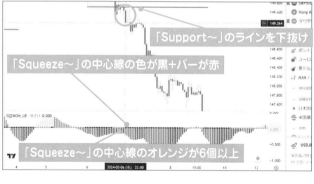

売りも同様に「Squeeze Momentum Indicator」の中心線のオレンジが少なくとも6個以上続いた後、色が黒に変わったタイミングを狙います。また、「Support〜」のラインブレイクを待ってエントリーします。

① 「Squeeze Momentum〜」の中心線のオレンジが6個以上続く

② 「Squeeze Momentum〜」の中心線が黒に変わり、バーが赤色

③ 「Support and Resistance〜」のラインを下抜け

本書での検証

検証期間

● 2024年2月10日〜5月3日

シンボル

● USD/JPY

検証時間軸

● 1時間足

リスク／リワード比

● 1:2

エントリーしたら、直近の安値／高値にストップロスを置き、そこから2倍のリワードを狙います。

バックテスト結果

勝敗

● 7勝10敗

バックテストの結果としては冴えない印象ですが、ここに200日移動平均線を加えると、6勝6敗と勝率がかなり変化しました。また、ドル／円の性質上、全体的に円安傾向にあるにも関わらず、アメリカの指標結果や期間内

獲得金額

● 1332円

にあった為替介入などで大きく動くため、誤りやすいサインが出やすいという特徴もあります。株式指数や、トレンドが続きやすい暗号資産で試す、あるいは時間軸を変えればもっと勝率を上げられるかもしれません。

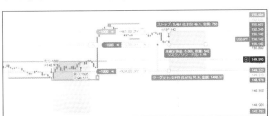

リスク／リワード比のリワードが大きいため勝率は悪くても利益が出ていますが、こちらの比率も変更の余地がありそうです。

海外で一部話題になったスキャルピング／デイトレードのトレード戦略です。5分足のマイナーな価格変動を除外するように設計されたストラテジー に、さらにトレンドを明確にするために移動平均線をアレンジしたインジケーターを加えて、トレンドに沿ったトレードをしていきます。

使用するインジケーター

名称 ⊙ **Range Filter Buy and Sell 5min [Strategy]**

トレンド系

作者 ⊙ pabloses

いいね数 ⊙ 2919

オリジナルの「Range Filter」というインジケーターをストラテジー化したものです。「Range Filter」の作者は「トレンドをより明確に把握するために、マイナーな価格変動を除外するように設計した」と記しています。

名称 ⊙ **Liquidity Weighted Moving Averages [AlgoAlpha]**

トレンド系

作者 ⊙ AlgoAlpha

いいね数 ⊙ 956

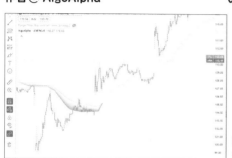

出来高を始値と終値の間の長さで割った値を見ることで、各ローソク足の値動きの激しさを移動平均線化しています。短期と長期の移動平均線によって、帯が作られます。

セッティング方法

Range Filter Buy and Sell 5minの設定

Liquidity Weighted Moving Averagesの設定

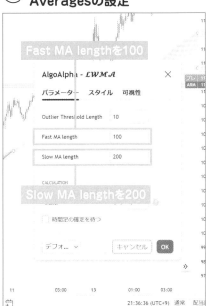

「Range Filter Buy and Sell 5min」はスタイルの項目で「Buy/Sell Signal」の2つ以外のチェックを外します。「Liquidity Weighted Moving Averages」はパラメーターで数値を2か所変更しましょう。

POINT!!

さらにMACDを加えれば精度を上げられる!?

この2つのインジケーターはどちらもトレンドを測るものなので、できればもう1つオシレーター系の指標を加えたいところです。たとえば、MACDを入れると、売買サインが出たときに勢いがあるかどうかが判別できるため、無理なトレードを避けることができるでしょう。ややマイナーなインジケーターを使う場合は、定番のインジケーターを加えて戦略を補強するのも有効な手段です。

売買エントリーのサイン

◉ 買いから入る時のサイン

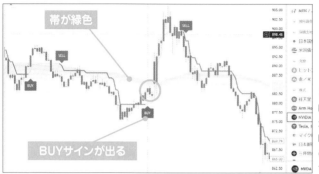

「Liquidity Weighted Moving Averages」の帯が緑色になっている状態でBUYサインが出たら、次の足の終値で買いを入れます。

①「Liquidity Weighted Moving Averages」の帯が緑色

②「Range Filter Buy and Sell 5min」のBUYサインが出る

◉ 売りから入る時のサイン

売りの場合は買いの逆で「Liquidity Weighted Moving Averages」の帯が赤色のときにSELLサインが出たらエントリーします。

①「Liquidity Weighted Moving Averages」の帯が赤色

②「Range Filter Buy and Sell 5min」のSELLサインが出る

本書での検証

検証期間

● 2024年4月13日〜5月20日

シンボル

● NVIDIA Corporation

検証時間軸

● 5分足

リスク／リワード比

● 1:1.5

エントリーしたら、直近の安値／高値にストップロスを置き、リスクに対して1.5倍のリワードを狙います。

バックテスト結果

勝敗

● 7勝8敗

獲得金額

● 17.65USD

バックテストの結果は地味でした。問題点としては「Range Filter Buy and Sell 5min」の売買サインが必ず片方ずつにしか出ないため、「Liquidity Weighted Moving Averages」で赤い帯が出ている状態

から強い上昇トレンドに入ると、いったんSELLサインが出てからでないとBUYサインが出ません。完全に「Range Filter Buy and Sell 5min」のストラテジーどおりに売買を行うというのも1つの手段でしょう。

「Range Filter Buy and Sell 5min」はストラテジーなので、シンボルごとに戦略がうまくいっているか確認をすることもできます。

インジケータの組み合わせ検証

195

#07 カスタムインジケーターの名手が生み出したラインブレイク戦略

TradingView上でカスタムインジケーターを100以上開発しているLuxAlgo氏がYouTubeで紹介し、400万回以上再生された売買戦略です。トレンドの強さを重視したカスタムされた移動平均線に沿って、自動で作られるトレンドラインをブレイクしたタイミングを狙います。

使用するインジケーター

名称 ⬤ Trendlines with Breaks [LuxAlgo]　　トレンド系

作者 ⬤ LuxAlgo　　　　　　**いいね数** ⬤ 19431

スイングハイ／スイングローの値からトレンドラインを自動で引くインジケーターです。三角保ち合いからのブレイクがわかりやすくなります。

名称 ⬤ Trend Regularity Adaptive Moving Average [LuxAlgo]　　トレンド系

作者 ⬤ LuxAlgo　　　　　　**いいね数** ⬤ 3889

トレンドを重視した移動平均線です。レンジ相場の場合は平坦な線になるように調整されています。頭文字を取って「TRAMA」という名称が使われています。インジケーターを検索する場合も「TRAMA」でも出てきます。

セッティング方法

Trendlines with Breaksの設定

この手法ではどちらも設定は変更しません。

Trend Regularity Adaptive Moving Averageの設定

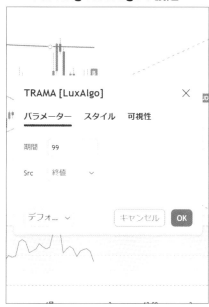

POINT!!

利益確定は裁量で行う必要がある

　この売買戦略では、ストップロスは置いておきますが、利益確定のタイミングは自分の裁量で行う必要があります。動画で紹介されていた手法はRSIを使い、買われすぎ／売られすぎのタイミングで決済します。ただし、強烈な上昇や下降があった場合は、たとえばRSIでダイバージェンスが出るまで引っ張るなど、ある程度経験が求められてくるでしょう。

RSIの値で判断する

売買エントリーのサイン

◎ 買いから入る時のサイン

買いのエントリーは、まず
ローソク足がTRAMAのラ
インの上にあり、さらにB
(Break)サインが確定し
たところで行います。売買
サインは値動きで消えるこ
ともあるので、次のローソ
ク足に入って確定を待ちま
しょう。

❶ TRAMAのラインを上抜け

❷ Bサインが確定する（サインの次のローソク足の終値）

◎ 売りから入る時のサイン

売りは反対に、TRAMA
のラインを下に抜け、B
(Break)サインが出たら
サインの確定を待って、エ
ントリーします。2つの条
件を満たしている必要があ
ります。

❶ TRAMAのラインを下抜け

❷ Bサインが確定する（サインの次のローソク足の終値）

本書での検証

検証期間

● 2024年2月1日〜3月31日

検証時間軸

● 1時間足

シンボル

● 豪ドル/円

リスク／リワード比

● -

ストップロスをトレンドラインの反対側に置く

エントリーしたら、ストップロスを「Trendlines with Breaks」のトレンドラインの反対側に置きます。ただし、三角保ち合いの先端など、余裕が無い場合は直近のスイングロー／ハイなど余裕を持たせてもいいでしょう。

バックテスト結果

勝敗

● 15勝7敗

非常に高い勝率でした。トレンドラインを狙う売買戦略として理にかなっていますし、強い上昇／下降のときは利益を伸ばせる仕組みにもなっています。唯一の欠点があるとすれば、RSIも入れると3つのインジケー

獲得金額

● 2462円

ターが必要な点でしょうか。この場合は、たとえば、売買エントリーだけTradingViewを参考にし、利益確定のためのRSIは各証券会社や取引所のツールを使う、といった方法を取るといいかもしれません。

大きな上昇／下落に乗れたときは、どこでポジションを決済するか悩ましいところです。

08

2023年のベストインジケーター トレンド転換を判断する売買戦略

2023年のベストインジケーターと紹介された売買戦略です。トレンドの転換点を判断する線形回帰を組み込んだローソク足の「Linear Regression Candles」と、ATR（アベレージ・トゥルー・レンジ）を利用して売買サインを出す「UT Bot Alerts」を組み合わせてトレンドについていきます。

使用するインジケーター

名称 Linear Regression Candles

作者 ugurvu **いいね数** 4303

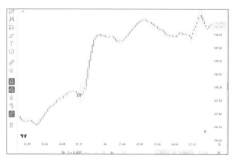

中心線を基準に、上下2本ずつ標準誤差を加減した線形回帰トレンドをローソク足に組み込んでいます。そのままだとローソク足がかぶってしまうため、次のページのように元のローソク足の表示を消しています。

名称 UT Bot Alerts

作者 QuantNomad **いいね数** 11012

ATR（アベレージ・トゥルー・レンジ）を計算式に組み込み、トレンドフォローをしていきます。トレンドの始まりだと思われる場所に売買サインを出すインジケーターです。

第5章

セッティング方法

Linear Regression Candles の設定

LinReg Candles ✕

Signal Smoothingを7

パラメ...

Signal Smoothing　　　　7

☑ Simple MA (Signal Line)

☑ Lin Reg

Linear Regression Length　11

実体

ヒゲ

プロットを黒色

枠

☑ プロット　　■ ───　∿

出力　　　　　　　　　　　　　　　＞

精度　　　　デフォ... ∨

UT Bot Alertsの設定

UT Bot Alerts ✕

「Key Value〜」を2

パラメー...

Key Vaule. This changes the sensitivity'　2

ATR Period　　　　　　　　　　1

Signals from Heikin Ashi Candles

「ATR Period」を1

デフォ... ∨　　　　　キャンセル　OK

「Linear Regression Candles」はパラメーターの数値、またスタイルで「プロット」の色を黒色（初期設定では白色）に変えます。「UT Bot Alerts」のパラメーターの数値も変えましょう。

POINT!!

元のローソク足を非表示にする

「Linear Regression Candles」はローソク足を表示するインジケーターなので、元のローソク足を消す必要があります。この場合はチャート画面左上のシンボルの横にある「詳細」をクリックし、下にある「非表示」を選択します。

このローソク足と似たものとしては「平均足」があります。こちらもトレンドを把握しやすいテクニカルチャートとなっています。

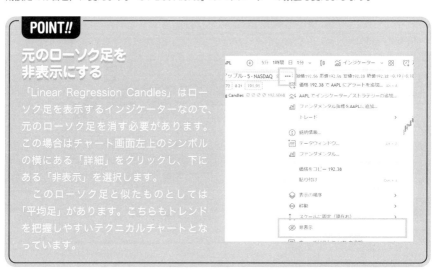

売買エントリーのサイン

◉ 買いから入る時のサイン

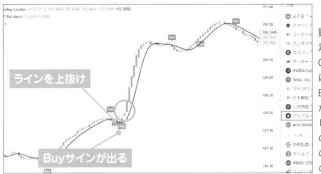

買いの場合は、ローソク足が「Linear Regression Candles」のラインを上に抜けている状態で「UT Bot Alerts」のBuyサインが確定したらエントリーします。「UT Bot Alerts」のサインは同じローソク足の中では消えることもあるので注意しましょう。

① 「Linear Regression Candles」の中心線を上抜け

② 「UT Bot Alerts」のBuyサインが確定する

◉ 売りから入る時のサイン

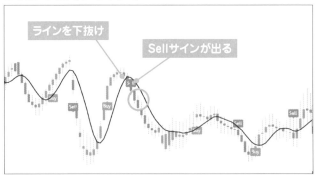

売りの場合は反対にラインを下に抜けた状態でのSellサインの確定を待ってエントリーします。

① 「Linear Regression Candles」の中心線を下抜け

② 「UT Bot Alerts」のSellサインが確定する

本書での検証

検証期間

● **2023年11月13日～11月17日**

シンボル

● **アップル**

検証時間軸

● **5分足**

リスク／リワード比

● **-**

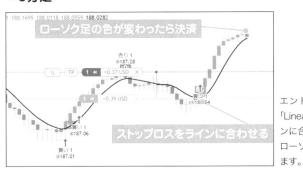

エントリーしたら、ストップロスを「Linear Regression Candles」のラインに合わせます。利益確定／損切りはローソク足の色が変わった時点で行います。

バックテスト結果

勝敗

● **10勝10敗**

とても残念な結果でした。理由は明確で、チャート上のローソク足と実際の価格のローソク足の実体が、かけ離れているからです。チャートだけを見ると、売買サインに従うだけで簡単に利益が出るように見えますが、これは

獲得金額

● **0.57USD**

このインジケーターのローソク足のトリックと言えるでしょう。ネット上で、さも利益が出るかのように紹介されている手法でも、このようにバックテストをしてみると違った見え方になります。

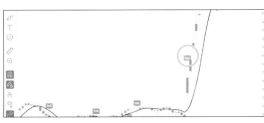

日をまたいで窓が作られたときは、とくに酷い表示になり、これでは売買サインもまったく意味の無いものになってしまいます。

09

超短期トレードの
1分間スキャルピング戦略!

　1分足でスキャルピングを行うことをターゲットにした売買戦略です。遅延が少ないと言われるハル移動平均線をベースにしたという「Hull Suite」、トレンドと方向性を見るドンチャンチャネルをベースにした「Donchian Trend Ribbon」という2つのインジケーターで短期売買を狙います。

使用するインジケーター

名称 ● Hull Suite

トレンド系

作者 ● Insilico　　　　　　　　　いいね数 ● 12213

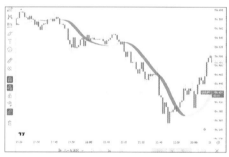

ハル移動平均線をベースにして、上昇トレンドは緑、下降トレンドは赤と色分けをして表示されます。帯の太さでトレンドの強さが視覚的にわかります。

名称 ● Donchian Trend Ribbon

トレンド系

作者 ● LonesomeTheBlue　　　　　　いいね数 ● 4200

ドンチャンチャネル自体はボリンジャーバンドのようなバンドを作る指標ですが、それをシンプルにバーの色だけで表示します。緑が上昇、赤が下降を意味します。

セッティング方法

◯ Hull Suiteの設定

◯ Donchian Trend Ribbonの設定

「Hull Suite」はパラメーターの「Hull Version」を「Ehma」にします。また、そのすぐ下の「Length」を「70」に変更しましょう。「Donchian Trend Ribbon」は設定を変えません。

POINT!!

ほかの時間軸で使うことも可能?

ここで使っている2つの指標はもともとは1分足をターゲットにしているわけではないので、ほかの時間軸で使っても問題ありません。色の変わり目をトレンドの開始として参考にするだけでなく、たとえば、強いトレンドが出ている場合は「Donchian Trend Ribbon」の色が変わるタイミングを押し目と判断することもできます。

> 押し目や戻りのタイミングと判断することもできる

売買エントリーのサイン

◎ 買いから入る時のサイン

「Hull Suite」、「Donchian Trend Ribbon」どちらも緑色になったタイミングが買いから入る時のサインです。ローソク足が変化しているときは色が変わることがあるので確定した次の足でエントリーします。

① 「Hull Suite」が緑色に変わる

② 「Donchian Trend Ribbon」が緑色に変わる

◎ 売りから入る時のサイン

売りの場合は反対に「Hull Suite」、「Donchian Trend Ribbon」の両方が赤色に変わったタイミングでエントリーします。

① 「Hull Suite」が緑色に変わる

② 「Donchian Trend Ribbon」が緑色に変わる

本書での検証

インジケータの組み合わせ検証

検証期間

● 2024年5月13日

シンボル

● ドル/円

検証時間軸

● 1分足

リスク／リワード比

● -

エントリーしたら、ストップロスを直近のスイングロー／ハイの価格にセットしてバーの位置に達するか、「Hull Suite」、「Donchian Trend Ribbon」のいずれかの色が変わったら決済します。

バックテスト結果

勝敗

● 13勝12敗

獲得金額

● 137円

　結果だけ見るとパッとしませんが、比較的希望が持てるのは、中～長期的な視点が一切入っていないことと、多少値動きがあればレンジ相場でもエントリーしやすい、という点でしょう。トレンドを把握したり、利確ポイント

を定めたりと、どちらのインジケーターもわかりやすく、1分足にこだわらず利用する価値はあるので、バックテストを試して、自分でさらにアレンジしてみるというのはいいかもしれません。

今回は決済のタイミングを、どちらかのインジケーターの色が変わるまで、としましたが、ポイントに達する前にもっと利益を上げるポイントがある場面が多くありました。リスク／リワード比を決めて売買をするのもいいでしょう。

#10 ATRと平均足による「勝てる」スキャルピング売買戦略

　2022年ごろから海外で"勝てるスキャルピング戦略"として話題になった手法です。ATRベースで適切な決済ポイントを把握する「Chandelier Exit」と通常の移動平均線よりも遅れが少ない「ZLSMA（ゼロラグ移動平均線）」を使い、ローソク足を平均足にして売買していきます。

使用するインジケーター

名称 ● Chandelier Exit

作者 ◎ everget　　　　　　　　　**いいね数** ◎ 13167

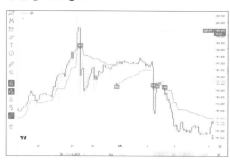

ラインを表示して利益確定／ストップロスのポイントのサインとするインジケーターです。この組み合わせでは売買サインの表示のみを使います。

名称 ● ZLSMA - Zero Lag LSMA

作者 ◎ veryfid　　　　　　　　　**いいね数** ◎ 2015

通常は遅れが出る移動平均線を、計算式によって可能な限り減らしています。初期設定では黄色で見づらいので色を変えるか、TradingViewの全体設定でダークモードにしておきましょう。

セッティング方法

⬤ Chandelier Exitの設定

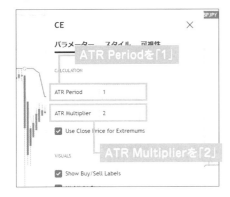

ATR Periodを「1」

ATR Multiplierを「2」

Buy LabelとSell Labelのみにチェック

⬤ ZLSMAの設定

期間を「50」

プロットの色を変える

「Chandelier Exit」、「ZLSMA」のどちらもパラメーターとスタイルの両方を変更します。パラメーターは売買サインに関わってくるので必ず使いましょう。

POINT!!

さらにローソク足を平均足に変更する

　この売買戦略では、さらにトレンドを把握しやすくするためにローソク足を平均足に変更して実行します（変更方法は37ページを参照）。ただし、平均足だとリプレイ機能が使えなくなってしまいます。今回のバックテストでは、元のローソク足を非表示にして「Heikin Ashi Candle Overlay」（166ページ参照）を平均足として検証を行っています。なお、通常のローソク足だと突発的な値動きで左右されるため、エントリーポイントがずれることがあります。

インジケータの組み合わせ検証

売買エントリーのサイン

◎ 買いから入る時のサイン

ローソク足がZLSMAの上にある状態で「Chandelier Exit」でBuyサインが出たらエントリーします。サインはローソク足の動きで消えることもあるので、確定した次の足でエントリーします。

❶「Chandelier Exit」でBuyサインが出る

❷ ローソク足が「ZLSMA」の上にある

◎ 売りから入る時のサイン

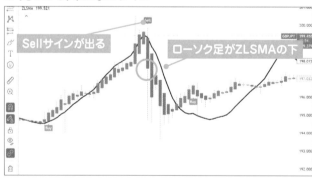

売りの場合は反対です。こちらも「Chandelier Exit」のSellサインの確定を待ってエントリーしましょう。

❶「Chandelier Exit」でSellサインが出る

❷ ローソク足が「ZLSMA」の下にある

本書での検証

検証期間
- 2024年4月9日～4月12日

シンボル
- ポンド/円

検証時間軸
- 5分足

リスク／リワード比
- 1:1.5

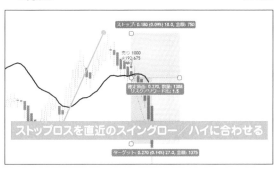

ストップロスを直近のスイングロー／ハイに合わせる

エントリーしたら、ストップロスを直近のスイングロー／ハイの価格にセットして、そこから1.5のリワードを狙います。途中で反対のサインが出てしまった場合は、利益確定でも損切りでも、そこで決済します。

バックテスト結果

勝敗
- 8勝8敗

勝率は50%でしたが、検証期間がわずか3日であることを考えると利益率はかなり高いと言えるのではないでしょうか。マーケットに合わせて値動きのある取引時間だけに絞れば、もっと利益はあげやすいでしょう。

獲得金額
- 737円

なお、この手法は非常に人気が高く、「Chandelier Exit」と「ZLSMA」や平均足が同時に使えるインジケーターや、この手法をアレンジしたインジケーターやストラテジーも多数存在しています。

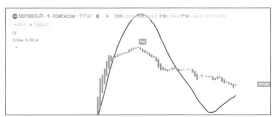

ローソク足は必ず平均足に切り替えましょう。平均足は日本が起源で、海外でも「Heikin-Ashi」という名称で呼ばれています。

平均足+RSI+移動平均線を使った売買戦略

「Heiken Ashi RSI Oscillator」という平均足とRSIを組み合わせたインジケーターを使った売買に200日移動平均線も組み合わせて長期的なトレンドに逆らわないトレードをします。売買サインが2種類あるので、売買にはやや経験が求められます。

使用するインジケーター

名称 ◯ Heiken Ashi RSI Oscillator

オシレーター系

作者 ◉ JayRogers　　　　　　　　　　いいね数 ◉ 4892

RSIと同じく、相場の過熱感を表しますが、平均足のような形状をしているのが特徴です。中央のバンドをはみ出したところで足の色が変わると反転のサインとなります。

名称 ◯ EMA（指数移動平均）

トレンド系

作者 ◉ -　　　　　　　　　　　　　　いいね数 ◉ -

内蔵インジケーターのEMA（指数移動平均）を使います。

第5章

セッティング方法

Heikin Ashi RSI Oscillator の設定

期間を「10」

Open Smoothingを「5」

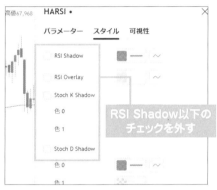

RSI Shadow以下の
チェックを外す

EMA（指数移動平均線）の設定

期間を「200」

「Heikin Ashi RSI Oscillator」はパラメーターの数値を変えます。また、スタイルで「RSI Shadow」〜「Stoch D」までの項目のチェックを外して見やすくします。EMAは期間を200にします。

POINT!!

オシレーターのダイバージェンスを狙っていく

この売買戦略では、単純に売られすぎ／買われすぎというだけでなく、ダイバージェンスの状態も売買サインとなります。ダイバージェンスとは「逆行現象」を意味する言葉で、実際の値動きとオシレーター系の指標が逆の動きをする状態です。このようなときはトレンドが反転しやすいと言われています。「Heikin Ashi RSI Oscillator」でもこの状態は売買サインとなります。

価格は切り下がっている

オシレーターは上がっている

インジケータの組み合わせ検証

213

売買エントリーのサイン

◎ 買いから入る時のサイン

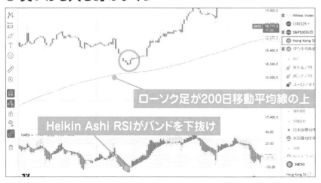

ローソク足が200日移動平均線の上

Heikin Ashi RSIがバンドを下抜け

ローソク足が200日移動平均線よりも上の状態で「Heikin Ashi RSI Oscillator」の足がバンドを下抜け（もしくは下にタッチ）して反転しはじめたらエントリーします。また、前のページで紹介したダイバージェンスの状態が発生したら移動平均線の位置に関係なくエントリーします。

① 「Heikin Ashi RSI Oscillator」の足がバンドを下抜け

② ローソク足が200日移動平均線よりも上

③ ①②に関係なくオシレーターでダイバージェンスが発生したとき

◎ 売りから入る時のサイン

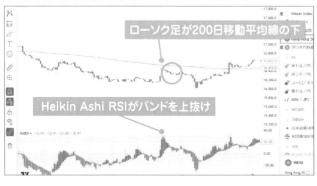

ローソク足が200日移動平均線の下

Heikin Ashi RSIがバンドを上抜け

売りの場合は反対です。こちらも「Heikin Ashi RSI Oscillator」の反転でエントリーします。オシレーターのダイバージェンスの状態もチェックしましょう。

① 「Heikin Ashi RSI Oscillator」の足がバンドを上抜け

② ローソク足が200日移動平均線よりも下

③ ①②に関係なくオシレーターでダイバージェンスが発生したとき

本書での検証

検証期間
● 2024年5月7日〜5月9日

シンボル
● ビットコイン/米ドル

検証時間軸
● 5分足

リスク／リワード比
● -

直近の底値付近でエントリーをすることが多いため、ストップロスは約300ドル（ゲージの操作で多少ずれるため）で固定し、「Heikin Ashi RSI Oscillator」の足がバンドの反対側の帯の端にタッチしたら決済します。

バックテスト結果

勝敗
● 11勝3敗

非常に高い勝率でしたが、ビットコインのように値動きが激しい場合、買われすぎ／売られすぎの状態になると移動平均線を突き抜けてしまうことが多く、ほぼオシレーターのダイバージェンスによる売買が中心でした。ダイ

獲得金額
● 693ドル

バージェンスの見極めが裁量トレードのようになり、勝率に現れているほど良い結果とはなりづらいかもしれません。ただし、ダイバージェンスの発生が見極めやすいため、その点では優れたインジケーターと言えるでしょう。

内蔵インジケーターのRSIに比べるとヒゲや足の色のおかげでダイバージェンスを見極めやすいのは、このインジケーターの利点といえます。

用語解説 **裁量トレード** 投資家が自分の判断で株式や外国為替などの金融取引を行うこと。状況に応じて柔軟な対応ができる一方、人間の判断で売買判断を行うため、感情が入りやすいというデメリットがある。

#12 ChatGPTが生み出したとして 話題になった売買戦略

　生成AIツールである「ChatGPT」が生み出したとして話題になった売買戦略です。「Machine Learning kNN-based Strategy」という過去データから売買サインを出すインジケーターに、移動平均線をリボン表示するインジケーターを組み合わせます。足は3分、5分、15分が最適とのことです。

使用するインジケーター

名称 ⊙ **Machine Learning kNN-based Strategy**

オシレーター系

作者 ⊙ capissimo　　　　　　　いいね数 ⊙ 5241

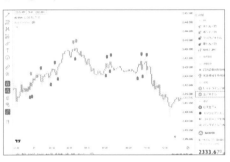

機械学習アルゴリズムの1つである「k近傍法（k Nearest Neighbours）」というアルゴリズムを使い、過去のデータから次の値動きを予測して売買サインを出すインジケーターです。

名称 ⊙ **Madrid Moving Average Ribbon**

トレンド系

作者 ⊙ Madrid　　　　　　　　いいね数 ⊙ 25497

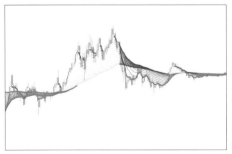

異なる移動平均線を同時に表示することで、リボンのように連なって表示させます。ローソク足が線を超えていれば緑色、下回っていれば赤色で表示されます。海外で紹介されていた手法では別のインジケーターを使っていましたが、そちらはもう存在しないため、ほぼ同じ機能を持つインジケーターを使用します。

第5章

セッティング方法

Machine Learning kNN-based Strategyの設定

パラメーター	スタイル	可視性		
Start Date		1999-12-31		23:00
Stop Date		2025-12-31		22:45
インジケーター		All ∨		
Short Period [1..n]		14		
Long Period [2..n]		28		
Base No. of Neighbours (K) [5..n]		252		
☐ Volatility Filter				
Bar Threshold [2..5000]		300		

CALCULATION

時間足　　　　　　　　　　チャート ∨

☑ 時間足の確定を待つ

デフォ... ∨　　　　　　　　キャンセル　O

08:49:48

Madrid Moving Average Ribbonの設定

色 2		
色 3		
色 4		
☑ MMA90		
色 0		〜
色 1		
色 2		
色 3		
色 4		

出力　　　　　　　チェックを外す

精度　　　デフォ... ∨

☐ 価格スケールのラベル

☐ ステータスラインの値

「Machine Learning 〜」はデータを取る期間などを決められます。「Madrid Moving Average Ribbon」は価格スケールのラベルなど、表示が煩わしいもののチェックを外しておきましょう。

POINT!!

正確にはRSIや 200日移動平均線なども使う

もともと海外で最初に紹介されていた手法では、さらに200日移動平均線の上下や、RSIが高すぎる／低すぎるの位置では売買しないなど、さらに売買の条件が細かく設定されています。RSIはさほど結果には影響を及ぼしませんが、200日移動平均線はあるとトレンドに沿ったトレードができるようになるので、もし入れられるなら入れておきましょう。

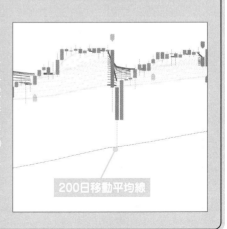

200日移動平均線

売買エントリーのサイン

◉ 買いから入る時のサイン

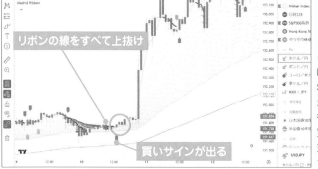

ローソク足がリボンを抜けた状態で「Machine Learning kNN-based Strategy」の買いサインが出たら、次の足の確定を待ってエントリーします。買いサインはローソク足の変化で消えることがあるので気をつけましょう。

①「Machine Learning kNN-based Strategy」の買いサインが出る

② リボンの線をすべて上抜け

③（できれば）ローソク足が200日移動平均線よりも上

◉ 売りから入る時のサイン

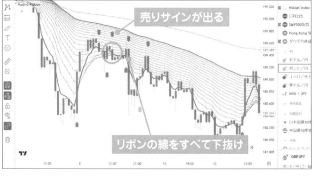

売りの場合は反対に、リボンの線を下抜けした状態で「Machine Learning kNN-based Strategy」の売りサインの確定を待ってエントリーします。

①「Machine Learning kNN-based Strategy」の売りサインが出る

② リボンの線をすべて下抜け

③（できれば）ローソク足が200日移動平均線よりも下

本書での検証

ストップロスを直近のスイングロー／ハイに合わせる

リボンの5本分タッチしたら決済

エントリー後、ストップロスを直近の
スイングロー／ハイに合わせます。狙
った方向に進み、充分に利益が出てい
ればリボン5本分程度の反発があった
ら決済します。

バックテスト結果

勝敗

● 8勝12敗

獲得金額

● 12.25ドル

このインジケーターの組み合わせ
が難しい点は「Machine Learning
kNN-based Strategy」の売買サイ
ンがあまりにも多すぎるところでしょ
う。売りのサインの確定を待っていた
ら買いのサインも同時に出てしまう、

といったこともありました。どこでエ
ントリーをすればわかりづらいという
のは大きな欠点です。RSIや200日移
動平均線を入れればもっと勝率は上が
るかもしれませんが、ほかのインジケ
ーターを使う方が無難でしょう。

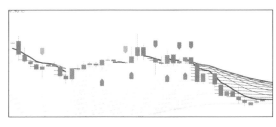

動きが少ない相場ではほぼ常に売買
サインが表示されるような状況にな
ってしまいます。これでは難しすぎ
るでしょう。

人気インジケーターを使ってラインブレイクを狙う

「Market Structure Break & Order Block by EmreKb」はチャート上にレジスタンス／サポートラインと、ジグザグを表示してくれます。これだけでも売買サインを測ることができますが、ここではさらに出来高を加えて、ブレイクの強さを見て判断していきます。

使用するインジケーター

名称 ◯ **Market Structure Break & Order Block by EmreKb**

作者 ◉ EmreKb 　　　　　　　　　　　いいね数 ◉ 15246

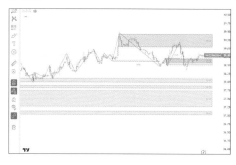

相場の構造のブレイク (MSB) とオーダーブロック (OB)を帯のように表示します。ここのラインでは反発したり、ブレイクすると一気に相場が動きやすくなります。また、同時にスイングロー／ハイを結んだジグザグも表示されます。過去のMSB、OBは帯から水平線に自動的に変化するなど、見やすくなっています。

名称 ◯ **Volume（出来高）**

作者 ◉ - 　　　　　　　　　　　　　いいね数 ◉ -

その足での出来高を表示します。シンボルによっては表示されません。

第5章

セッティング方法

Market Structure Break & Order Blockの設定

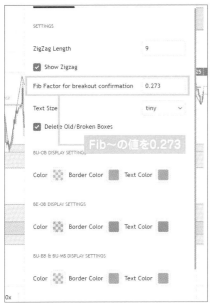

出来高の設定

「Market Structure Break & Order Block」は「Fib Factor 〜」の値を0.273に変更します。こちらはフィボナッチ比率で、任意の数字を2つ飛ばしの値で割った数字になります。出来高は変更しません。

POINT!!

MSBとOBに注目してみよう

「Market Structure Break & Order Block by EmreKb」ではラインや帯に「MSB」、「OB」という名前が付いています。「MSB」はトレンドが崩れたと思わしきライン、「OB」は注文が大量にあると思わしきラインとなります。MSBはリアルタイムではなく、後から表示されるラインですが、このラインに合わせて水平線を引いて考えるのも1つの手段です。

> MSBに合わせて引いた水平線
>
> ブレイクとともに上昇

売買エントリーのサイン

◎ 買いから入る時のサイン

基本的に帯のブレイクを狙っていきます。下から上へそのまま抜けるだけでなく、帯に入ってから上側にタッチして反発で抜けるというのもブレイクとみなしています。出来高は1000以上（日経225先物の場合）としました。

① 「Market Structure Break & Order Block」の帯を抜ける

② ジグザグが直近2回以上切り上がっている

③ 出来高が充分にある（日経225先物で1000と設定）

◎ 売りから入る時のサイン

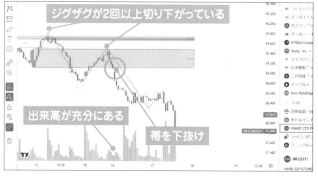

売りの場合も同じで、ジグザグが2回以上切り下がっている状態でのラインブレイクを狙います。こちらの例は上側にタッチしてから抜けています。

① 「Market Structure Break & Order Block」の帯を抜ける

② ジグザグが直近2回以上切り下がっている

③ 出来高が充分にある（日経225先物で1000と設定）

本書での検証

検証期間

● 2023年8月1日〜2024年2月1日

シンボル

● 日経225先物

検証時間軸

● 1時間足

リスク／リワード比

● 1:2

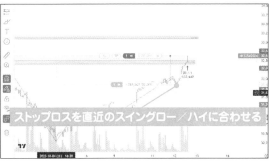

ストップロスを直近のスイングロー／ハイに合わせる

エントリー後、ストップロスを直近の
スイングロー／ハイに合わせます。そ
の2倍の長さの価格で利益を確定させ
ます。

バックテスト結果

勝敗

● 7勝3敗

獲得金額

● 930,000円

高い勝率でしたが、1時間足でも約
半年間検証して10回しか取引チャン
スがありません。ネックとなったのは
ジグザグの切り上がり／切り下がり
で、条件が少々厳しすぎました。損失
の可能性も増しますが、取引回数を増

やすなら、条件をもう少し緩めてもい
いでしょう。また、出来高は今回の取
引戦略の売買ポイントを探す点に関し
てはオマケ程度ですが、実際にOBが
引かれている価格帯でどの程度注文が
行われているかの参考になります。

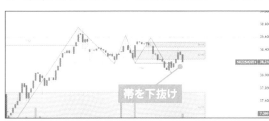

帯を下抜け

負けトレードの例としては、このよ
うに条件には当てはまっているもの
の、レンジが明らかに狭い場合です。
たとえばボリンジャーバンドを合わ
せれば、バンドの幅を見て回避で
きたかもしれません。

インジケータの組み合わせ検証

Trading View

トレーディングビュー

インジケーター
トレード攻略

発行日	2024年7月5日
企画・制作	standards
構成・編集	カゲキヨ
編集協力	水谷圭佑
カバーデザイン	越智健夫
本文デザイン	ili_design
インタビュー 協力	PAN
	SABAI SABAI FX
発行人	佐藤孔建
編集人	梅村俊広
発行・発売所	スタンダーズ株式会社
	https://www.standards.co.jp/
	〒160-0008 東京都新宿区四谷三栄町12-4
	TEL 03-6380-6132
印刷所	中央精版印刷株式会社

standards 公式サイトには、最新書籍の情報や本に関するニュース、記事の訂正情報などが掲載されています。

●本書の内容についてのお問い合わせは、下記メールアドレスにて、書名、ページ数とどこの箇所かを明記の上、ご連絡ください。ご質問の内容によってはお答えできないものや返答に時間がかかってしまうものもあります。予めご了承ください。

●お電話での質問、本書の内容を超えるご質問などには一切お答えできませんので、予めご了承ください。

●落丁本、乱丁本など不良品については、小社営業部（TEL:03-6380-6132）までお願いします。

e-mail：info@standards.co.jp

Printed in Japan